大人[
自由B
min

水泳のきれいな カラダをつくる

スリムな逆三角形になる！ ドライランドトレーニング

髙橋雄介 著

技術評論社

は じ め に

　水泳選手のカラダは逆三角形をしていて、とてもスマートに見えます。簡単にいえば「かっこいい」ですよね。テレビに映った姿を見て、「あんなカラダになりたい」と思う人も多いのではないでしょうか。

　水泳選手のカラダがきれいな形をしているのには理由があります。水泳は逆三角形を形づくる筋肉を多く使う運動です。具体的には、三角筋、僧帽筋、広背筋などです。日常的にこれらの筋肉に刺激を入れれば、自然とカラダが鍛えられ、逆三角形になっていきます。これらの筋肉をまんべんなく使うスポーツというのは、他にあまり類を見ません。それゆえ、他のスポーツ選手とは違う、水泳選手独自のきれいなシルエットがつくられるのです。

　では、水泳をやっていない人は、逆三角形のカラダはつくれないのでしょうか？　いいえ、そんなことはありません。水泳の習慣がない人でも、逆三角形のカラダを手に入れることはできます。それを実現するのが「ドライランドトレーニング」です。「ドライランドトレーニング」とは、水泳で使う筋肉をピンポイントで鍛える筋力トレーニングです。

　本書ではウォーミングアップも含めて、「ドライランドトレーニング」を57種類紹介しています。各メニューでは回数の段階を設けて、自分の筋力に合わせて強度を調整できるようになっています。スマートなカラダを目指す人ばかりでなく、普段忙しくてなかなかプールに行けないスイマーのカラダづくりにも役立つトレーニングです。本書を手にとり、水に入らない水泳トレーニングをして、理想のカラダを手に入れてください。

　2016年5月

髙橋雄介

【本書の読み方】

トレーニングの回数をグレードごとに表示しています。

どこの部位を鍛えるトレーニングか、大まかなカテゴリーを示しています。

トレーニングの概要を説明しています。

トレーニングが効く部位を、アイコンと部位名で細かく表しています。

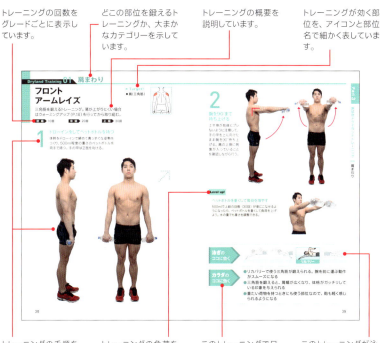

トレーニングの手順を文章と写真で説明しています。

トレーニングの負荷をあげるレベルアップメニューを説明しています。

このトレーニングで日常生活や泳ぎにどんな効果があるのか、文章で説明しています。

このトレーニングが泳ぎのどの局面に効果をもたらすのか、アイコンで表しています。

▶ 主なトレーニング用語解説

●ストリームライン
水泳の基本姿勢のこと。腕を頭上に真っすぐ伸ばし、水の抵抗がもっとも少ない姿勢。

●ランジ
太ももやふくらはぎを鍛えるトレーニング。片脚を前に出し、そこに体重を乗せて脚に刺激を入れる。

●アームレイズ
腕を上げ下ろしするトレーニング。

●リバースフライ
「アームレイズ」同様に、腕の上げ下ろしをするトレーニング。リバースフライは横に持ち上げる。

●ディップス
両腕で身体を支え、腕の曲げ伸ばしで身体を上下させる。上腕三頭筋を中心に鍛えるトレーニング。

●プッシュアップ
いわゆる腕立て伏せのこと。うつ伏せの状態から腕を曲げ伸ばしする。

●レッグアップ
「プッシュアップ」の状態で脚を上げ下ろしする。

Contents

はじめに …………………………………………………………………… 2

▶**Part1**
水泳選手のカラダはなぜきれいなのか? …… 7

01 水泳選手に逆三角形体型が多い理由 ………………………… 8
02 鍛えるだけでなく筋肉を「シェイプ」する ………………… 10
03 水泳のカラダを「ドライランドトレーニング」でつくる ……… 12
04 水泳の動きとカラダの主な筋肉や部位を知る ……………… 14
　Column1　ウォーミングアップにストレッチは不要? ……………… 16

▶**Part2**
ウォーミングアップ …………………………………… 17

01 肩甲骨回し ……………………………………………………… 18
02 腕上げ45° ……………………………………………………… 20
03 ストレッチ&ウォーキング …………………………………… 22
04 ストレッチ&ランジウォーキング …………………………… 24
05 肩甲骨スライド① ……………………………………………… 26
06 骨盤回しウォーキング ………………………………………… 28
07 腕の内外旋 ……………………………………………………… 30
08 肩関節戻し ……………………………………………………… 32
09 ランジウォーク&T字バランス ……………………………… 34
　Column2　使わない筋肉から鍛えてみよう ………………………… 36

▶**Part3**
部位別ドライランドトレーニング ……………… 37

●**肩まわり**
01 フロントアームレイズ ………………………………………… 38
02 サイドアームレイズ …………………………………………… 40

03 バックアームレイズ …………………………………… 42
04 ベントオーバーリバースフライ ……………………… 44
05 肩甲骨プッシュアップ ………………………………… 46
06 肩甲骨ディップス ……………………………………… 48
07 エントリー姿勢ショルダーレイ ……………………… 50
08 肩甲骨スライド② ……………………………………… 52

●上半身前部
09 プッシュアップ&レッグアップ ……………………… 54
10 ストリームライン上半身上げ ………………………… 56
11 チョッピングリフティング …………………………… 58
12 Vアップ ………………………………………………… 60
13 斜めVアップ …………………………………………… 62
14 腹筋のゆりかご ………………………………………… 64
15 腰背部シットアップ …………………………………… 66
16 背中横歩き ……………………………………………… 68

●背中
17 肩甲骨スライド③ ……………………………………… 70
18 肩甲骨エクササイズ① ………………………………… 72
19 肩甲骨エクササイズ② ………………………………… 74
20 肩甲骨エクササイズ③ ………………………………… 76
21 タイミングエクササイズ ……………………………… 78
22 背筋のゆりかご ………………………………………… 80
23 バランスバックエクステンション …………………… 82
24 胸郭回し ………………………………………………… 84

●骨盤まわり
25 お尻歩き ………………………………………………… 86
26 クランチリバースシットアップ ……………………… 88
27 骨盤の前傾後傾 ………………………………………… 90
28 骨盤の回旋 ……………………………………………… 92

Contents

29 キャットバック ……………………………………………………… 94
30 胸郭スライド前後 ………………………………………………… 96
31 胸郭スライド左右 ………………………………………………… 98
32 体幹ウェービング ………………………………………………… 100

● 上肢
33 ナロープッシュアップ …………………………………………… 102
34 ディップス ………………………………………………………… 104
35 フロントブリッジ ………………………………………………… 106
36 バックブリッジ …………………………………………………… 108
37 アームカール ……………………………………………………… 110
38 トライセプスアームエクステンション ………………………… 112
39 リストカール&アップ …………………………………………… 114
40 三頭筋エクササイズ ……………………………………………… 116

● 下肢
41 ビハインドレッグレイズ ………………………………………… 118
42 片脚クォータースクワット ……………………………………… 120
43 仰向けヒップレイズ ……………………………………………… 122
44 腸腰筋エクササイズ ……………………………………………… 124
45 片脚ランジ ………………………………………………………… 126
46 バーピー …………………………………………………………… 128
47 バーティカルストリームラインスクワット&ジャンプ ……… 130
48 スクワット ………………………………………………………… 132
Column3 鍛えた部位を意識して生活してみよう ……………………… 134

▶ Part4
トレーニングの組み立て方 …………… 135

01 日常生活のちょっとしたスキマ時間に取り入れる …………… 136
02 鍛えたい部位別にトレーニング計画を立てる ………………… 138
03 曜日別にトレーニング計画を立てる …………………………… 140
トレーニング達成度早見表 ………………………………………… 142

Part 1
水泳選手のカラダはなぜきれいなのか?
Basic Knowledge

「水泳選手のカラダは、きれいな逆三角形をしている」とよく言われます。
では、その逆三角形を形づくっている筋肉とは?
まずはきれいなカラダに見える理由を探っていきましょう。

Basic Knowledge 01

水泳選手に逆三角形体型が多い理由

水泳選手は、なぜきれいなカラダつきをしているのでしょうか?
その理由は、水泳で使う筋肉が、
逆三角形の体型をつくる部位と一致しているからなのです。

▶逆三角形をつくる筋肉

　逆三角形の体型をつくるには、主に**上半身の肩まわり**と**背中まわり**の部位がポイントになります。これらはすべて速く泳ぐために使われる部位であり、水泳選手は常にこれらの筋肉を駆使して泳いでいます。そのため、水泳選手の身体（からだ）は自然ときれいな逆三角形になっていくのです。では実際水泳において、選手たちがこれらの筋肉をどのように使っているのか、見ていきましょう。

▶肩まわりの三角筋

　水泳では水をかく動作であるストロークを行います。一度水をかいたら、今度は手を前に戻します。これは**リカバリー動作**と呼ばれ、肩まわりの筋肉を使用します。

　平泳ぎは水中で手を前に戻します。他の種目に比べてあまり肩まわりの筋肉は使いませんが、クロール、背泳ぎ、バタフライの3種目は、肩の筋肉を使ってリカバリー動作を行います。特に両腕を同時に水面から持ち上げるバタフライ選手は、クロールや背泳ぎよりも肩の筋肉をたくさん使うので、肩まわりがしっかりしているのです。

　逆三角形体型をつくるうえで大切なのが、両肩まわりの筋肉である**三角筋**。ここが発達していると、身体が横に大きく見え、きれいな体型をつくる大きなポイントになります。

▶脇の下の広背筋

　水を力強くかくために使う筋肉で重要なのが、脇の下にある**広背筋**です。水泳は腕の力だけではなく、背中の力も利用して水をかきます。腕を伸ばした状態から、水を身体の方に引き寄せるような動きをしたとき、特に広背筋を使うことになります。

　広背筋が発達すると上半身に厚みが出るだけではなく、首から肩のラインが真っすぐに近くなります。なで肩だと逆三角形に見えませんが、広背筋によって肩が持ち上がると肩幅が広く見えるようになり、逆三角形の身体がつくり上げられるのです。

　上半身の厚みは、身体の前面にある

大胸筋でつくられると思っている方が多いかもしれません。大胸筋も必要ですが、それ以上に背中側の筋肉である広背筋を鍛えるほうが、上半身に厚みが出てたくましく見えるのです。

▶ 首まわりの僧帽筋

　人間の身体の中で、最も重たい頭を支える首まわり。その根元にある**僧帽筋**が発達すると首まわりが大きくなり、たくましく見えます。

　三角筋同様、主にリカバリー動作で使われる筋肉ですが、もっと重要な役割を僧帽筋は担っています。それが真っすぐな**「縦軸」をつくること**です。

　水泳は水の抵抗との戦いです。抵抗を減らすために、身体を一本の棒のように一直線にする、**ストリームライン**という姿勢をつくります。身体の中心軸を真っすぐにして、余計な水の抵抗を受けないようにすることが、水泳で

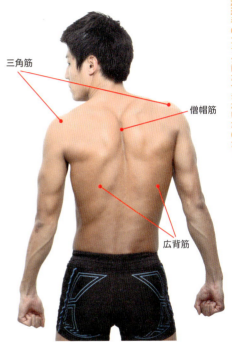

は大切なこと。僧帽筋で頭が左右にブレないようにできれば、その縦軸をブラさず一直線できれいなラインをつくることができるのです。

　三角筋、広背筋、僧帽筋。これらが主に逆三角形の体型をつくる大きなポイントであり、水泳選手たちが自然と泳ぎで使っている筋肉なのです。

鍛えるだけでなく筋肉を「シェイプ」する

逆三角形をつくる部位だけを鍛えても、水泳選手のようなきれいな体型にはなりません。そのためには、筋肉を「シェイプ」する必要があるのです。ポイントは、肩甲骨まわりの動きです。

▶ 肩甲骨を支えているのは筋肉 その筋肉を「シェイプ」する

きれいな逆三角形の体型を実現するには、ただ三角筋、広背筋、僧帽筋という部位を鍛えれば良いというわけではありません。ただ鍛えるだけだと、ボディビルダーのようながっちりした体型をつくることはできても、水泳選手のようなきれいな体型にはなりません。

そのためにも、**肩甲骨まわりの動きをなめらかに、つまり「シェイプ」することが大事になってきます。**肩甲骨は骨同士はくっついておらず、周辺の筋肉で固定されています。その筋肉が弱かったり、動きが悪かったりすると、肩甲骨本来の働きができなくなってしまいます。

三角筋、広背筋、僧帽筋は、肩甲骨の動きを形づくる筋肉です。肩甲骨の動きが良いということは、これらの筋肉の動きを良くすることにもつながり、鍛えるだけではなく、筋肉がほど良く「シェイプ」されていくのです。

水泳は肩甲骨まわりだけではなく、全身をほど良く動かし続けるため、筋

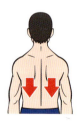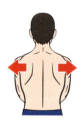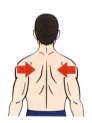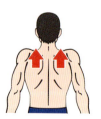

肩甲骨を4方向に動かすだけでも良い運動になります。これらの動きを支えているのが、三角筋、僧帽筋、広背筋です。

肉にしっかり刺激を与えてくれます。そこが筋肥大させただけの体型よりも、水泳選手たちがスマートな体型である理由です。

▶「シェイプ」された筋肉は肩こりも解消できる

上半身のほど良い厚みと肩まわりのたくましさ、「シェイプ」された背中のラインが合わさると、洋服がきれいに着こなせるようになります。

特に男性が着るスーツは、肩幅があり、上半身、特に背中側に厚みがあるとかっこ良く見えるつくりになっています。上半身からお腹まわりに向かって、服が絞れていくラインがつくられているということです。そのラインに合わせて体幹が絞れていくと、服の形に身体がぴったりと合ってスマートに見えるのです。

また、肩甲骨まわりの筋肉が「シェイプ」されていると、肩こりがなくなります。パソコンを使って仕事をして、多くの方が肩こりに悩まされていますが、それを「シェイプ」された肩甲骨まわりの筋肉が解決してくれるのです。

肩甲骨まわりの筋肉を強化すれば、水泳だけでなく、日常生活にも好影響があります。肩こりが解消され、身体が軽く感じられるようになるでしょう。

水泳のカラダを「ドライランドトレーニング」でつくる

水泳のカラダをつくるには、海やプールで泳ぐことが一番の近道です。
しかし、陸上で「ドライランドトレーニング」を行うことで、
水泳選手と同じ体型をつくり出すことができます。

▶水泳選手の体型は泳ぎだけでつくられているわけではない

水泳選手のようなきれいで「シェイプ」された肉体は、水泳をしなければ手に入らないのでしょうか？

答えは、NOです。水泳選手は泳ぐだけで身体をつくり上げているわけではありません。「ドライランドトレーニング」、いわゆる陸上トレーニングも行っているからこそ、きれいな体型をつくることができているのです。つまり、水泳のトレーニングをしなくても、逆三角形を形成する筋肉を「ドライランドトレーニング」で鍛えれば、誰でも水泳選手のような逆三角形の体型を手に入れることができるのです。

水中を泳いでいるときは、ウエイトトレーニングのような大きな負荷はかかりません。水の抵抗に対して、常に小さな負荷が筋肉にかかっている状態です。同じ負荷を「ドライランドトレーニング」でかけようとすると、自重（自分の体重の重さ）を利用したトレーニングになりますが、負荷はむしろ「ドライランドトレーニング」の方が高いのです。

理想を言えば、「ドライランドトレーニング」で鍛えた部位を、「自分はいまここを使っているな」と意識しながら泳ぐことが最も効果的なトレーニングです。しかし、忙しい現代社会では、なかなか泳ぐ時間を捻出するのは難しいでしょう。自分なりのトレーニングサイクルをつくり、継続して鍛えていくことで、理想のカラダを創り上げてください。

▶トレーニングに欠かせない「ドローイン」

「ドライランドトレーニング」で欠かせないのが、体幹を鍛える「ドローイン」です。「ドローイン」とは、お腹をへこませて、締めた状態をキープすることです。

「ドローイン」をすることによって体幹が安定し、真っすぐできれいな姿勢をつくり出すことができます。また、陸上でも「ドローイン」をすると姿勢が安定し、立ち振る舞いや歩く姿が美しく見えるようになります。体幹が締ま

【ドローインのやり方】

1. 仰向けに寝た姿勢で、お腹をふくらませるように息を吸う。

2. お腹に当てた手で押さえるようにして、息を一気に最後まで吐ききる。

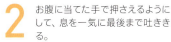

3. 息を吐ききったら、お腹がへこんだ状態を維持したまま、10回呼吸する。このとき、下腹部に力が入っている状態が理想。

4. 10回呼吸したあと、お腹の力を抜いてリラックス。これを数セット繰り返す。

れば身体のくびれも出てきます。男性のみならず、女性にもぜひ取り入れてほしいトレーニングのひとつです。

最終的な目標は、「ドローイン」をしながら、これから紹介するトレーニングを行えるようになることです。そうすれば、体幹を締めるトレーニングを個別に行わなくても、別の部位を鍛えながら体幹を同時に鍛えることができるのです。

Basic Knowledge 04

水泳の動きと
カラダの主な筋肉や部位を知る

本書で紹介するトレーニングは、水泳の動きをイメージして組み立てられています。
あらためて水泳のストローク動作と、主に使われる筋肉をおさらいしましょう。
これらの筋肉を意識的に鍛えることがきれいなカラダづくりの早道です。

【泳ぎの4過程（クロールの場合）】

1 入水
手を水に入れる瞬間の動作

2 キャッチ&プル
水を手でとらえ、腕を後ろへ運ぶ動作

3 フィニッシュ
水をかききり、腕を後ろに送る動作

4 リカバリー
腕を水から出し、再び身体の前に出す動作

※これにキックが加わって、前へ進むことができる

【泳ぎで使う主な筋肉】

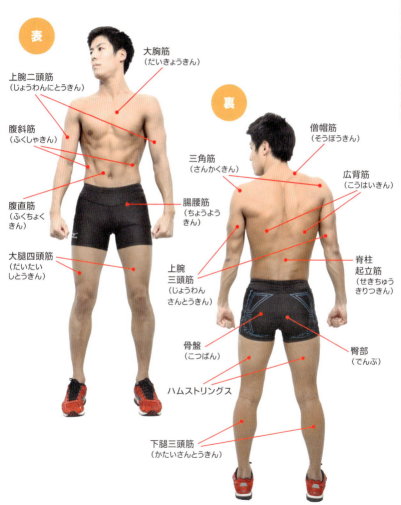

Column 1

ウォーミングアップに
ストレッチは不要?

　最近、ストレッチは意味がない、という説をよく耳にします。実際にはそんなことはありません。しかし、ストレッチのやり方とタイミングを正しく知る必要があります。

　運動をする前に行うウォーミングアップとは、言葉の通り、身体を温めて運動する準備をすることです。激しい運動をしてもケガをしない筋肉の状態をつくってあげる必要があります。

　しかし、ストレッチには身体を温める効果はさほどありません。そのため、ウォーミングアップにストレッチだけを行うことは少なくなっています。

　水泳選手が練習前にウォーミングアップとして行っているのは「ダイナミックストレッチ」です。ウォーキングやスキップに、手足の大きい動きを加えて、身体を動かして温めながらストレッチもする運動です。全身をくまなく動かして、血流を上げて身体を温めていきます。そして、日々の練習で固まったままになっている筋肉があれば、そこを軽く伸ばして元の状態に戻し、運動ができる身体にするのです。

　一方で、トレーニング後に疲労を取り除いたり、筋肉を元に戻してケアをしたりするという意味で、ストレッチは効果的です。

　そもそもストレッチは、筋肉を伸ばしてケアをするためのものです。筋肉は疲れてくると、収縮したままになって伸びにくくなります。収縮したままだと血流が悪くなり、疲労物質を取り除く働きができなくなるため、筋肉が凝り固まって動きが悪くなったり、力が入りにくくなったりします。それをゆっくりと伸ばして、筋肉を元の状態に戻し、伸縮できる状態にするのがストレッチの目的と効果です。

　つまりストレッチは、使い方とタイミングによって効果の大きさが左右されるということ。決してひと言に「不要」とは言えないのです。

Part 2
ウォーミングアップ
Warming up

本格的なトレーニングに入る前に、カラダを温めましょう。
まずは軽いメニューをこなし、運動する準備を整えます。
また、軽めの運動は健康にも良い影響を与えてくれます。

Warming up 01 肩まわり

肩甲骨回し

肩甲骨まわりの筋肉をほぐしつつ、背中側の動きを「シェイプ」するための刺激を入れる。呼吸を止めないこととドローインを忘れずに、大きく動かす。

回数 15回

▶Target!
● 肩（肩甲骨）

1 真っすぐに立つ
ドローインで体幹を締めて、真っすぐな姿勢をつくる。

ドローイン

2 肩を後ろに寄せる
左右の肩甲骨をくっつけるイメージでしっかり寄せる。

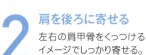

3 肩を上げる

肩をすくめるようにしながら、肩甲骨を持ち上げる。

> 肩だけを回すのではなく、背中を使って大きく肩甲骨を回す。

4 肩を下ろす

肩甲骨をしっかり開いて肩を下ろす。肩を前に出すようなイメージで行う。後ろ回しも同様に行う。

泳ぎの ココに効く	 キャッチ&プル	 フィニッシュ	 リカバリー	

カラダの ココに効く
- 四十肩になりにくく、肩こりも解消される
- 水泳には欠かせない肩甲骨の細かな動きがつくられ、大きなストロークができるようになる
- 肩甲骨から腕を動かせるようになり、肩の故障や痛みが軽減される

Warming up 02 　肩まわり

腕上げ45°

「肩甲骨回し」で腕を大きく動かす感覚を覚えたら、次は直接肩に軽い刺激を入れる。ウォーミングアップなので、いきなり大きな負荷をかけないようにしよう。

▶Target!
● 肩（肩甲骨）

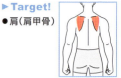

回数 　正面：15回　横：15回

正面上げ

1　ペットボトルを持ち真っすぐに立つ

ドローインをした状態で、両手にペットボトルを持つ。

ドローインは必ず行う。

2　腕を前方に持ち上げる

手を伸ばした状態のまま、ヒジを曲げず持ち上げる。腕の角度が45°になるところが目安だ。

横上げ

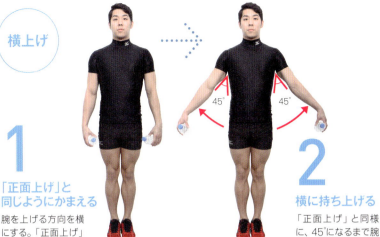

1
「正面上げ」と同じようにかまえる

腕を上げる方向を横にする。「正面上げ」と同じようにかまえる。

2
横に持ち上げる

「正面上げ」と同様に、45°になるまで腕を左右に持ち上げる。

Part 2 ウォーミングアップ｜肩まわり

Level up!

**負荷が軽い場合は
ペットボトルを大きくして調整**

負荷が軽い場合は、ペットボトルの容量を1Lにするなどのアレンジができる。ただし、あくまでウォーミングアップなので、高い負荷をかけることよりも、肩の筋肉を動かす、温めることを目的として行う。

ペットボトルの水の量で重さを調節することもできる。

泳ぎの ココに効く			リカバリー	

**カラダの
ココに効く**

- 水泳のストロークでよく使う肩まわりの動きが良くなるメニュー
- 肩甲骨と連動して、肩全体の動きもシェイプすることが目的
- 肩を温めておくと、その後の運動でも故障が少なくなる
- 負荷が軽いので、肩に痛みがある人でも行える

Warming up 03 　全身

ストレッチ&ウォーキング

上半身は肩まわりや大胸筋、下半身はハムストリングスや臀部、腰背部を伸ばす動的ストレッチ。動きながら行うものだが、ドローインも忘れずに。

▶ **Target!**
- 肩（肩甲骨）
- お尻（臀部）
- 太もも（ハムストリングス）
- 胸（大胸筋）

回数 ▶ 左右3セットずつ

1 1歩踏み出す
ドローインで体幹を締めた状態をつくり、ゆっくり1歩を踏み出す。

2 手を振り上げる
2歩目で前に出した足と同じ方の手を上へ大きく振り上げる。

胸を大きく開くことで大胸筋が伸びる。

3 つま先にタッチする

3歩目で、振り上げた手の逆足の
つま先にタッチする。1セット終わっ
たら、1歩目の足を逆にして行う。

腰背部やハムストリングスが伸びていることを意識する。

ウォーキングの流れの中でリズミカルに行う。

泳ぎの ココに効く			リカバリー	キック

カラダの ココに効く
- ストロークで使う背中や大胸筋、水中のキックで使えるハムストリングスに刺激が入る
- 肩まわりを中心とした上半身と、ハムストリングスを中心とした下半身を連動させて動かす意識を持てる
- ハムストリングスのストレッチが腰痛を予防する

Warming up 04 全身

ストレッチ&ランジウォーキング

踏み込みの浅いランジと、胸郭まわりのストレッチを合わせたストレッチ。骨盤から脚の付け根を動かし、同時に胸郭を伸ばして上半身を「シェイプ」する。

Target!
- 胸（胸郭）
- お尻（骨盤）

回数 左右3セットずつ

1 1歩踏み出す
1歩目を踏み出すときには、しっかりとドローインで体幹を締めておこう。

2 両腕を持ち上げる
2歩目で両腕を頭の上に持ち上げて、胸郭を伸ばす準備を行う。

3 ランジをする

3歩目で足を大きく前に出し、そこに体重を乗せる（ランジ）。
このとき、前に出した脚側に上半身を倒して、胸郭も同時に伸ばす。

腰から身体を曲げるのではなく、胸郭（肋骨）あたりを伸ばす意識を持とう。左右にバランスが崩れないように、お腹まわりはしっかりとドローインで安定させておく。

泳ぎのココに効く

 キャッチ＆プル　　 リカバリー　 キック

カラダのココに効く

- 胸郭の動きを整え、キャッチのときに多くの水をとらえられるようになる
- キャッチとキックは同時に行われるので、胸郭と骨盤まわりを同時に動かす感覚が養われる
- 胸郭を伸ばすと、肺がふくらみやすくなり、呼吸も楽になる

Warming up 05 背中まわり

肩甲骨スライド①

▶Target!
● 肩（肩甲骨）

肩甲骨を意識したウォーミングアップ。腕を前に伸ばして前後に動かしたり、上に伸ばして上下に動かしたりして、肩甲骨を大きく動かせるようにしよう。

回数 各15回

前方

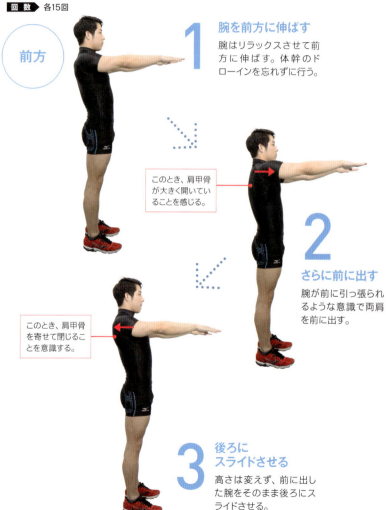

1 腕を前方に伸ばす
腕はリラックスさせて前方に伸ばす。体幹のドローインを忘れずに行う。

このとき、肩甲骨が大きく開いていることを感じる。

2 さらに前に出す
腕が前に引っ張られるような意識で両肩を前に出す。

このとき、肩甲骨を寄せて閉じることを意識する。

3 後ろにスライドさせる
高さは変えず、前に出した腕をそのまま後ろにスライドさせる。

（真上）

1 腕を上に上げる
腕を真っすぐ上にあげる。

2 肩からさらに上げる
根元の肩甲骨から動かすことを意識し、腕をさらに上げる。

3 肩を付け根から下ろす
腕は真っすぐに伸ばしたままで、肩甲骨を下にさげる。肩を付け根から下におろすように意識すると良い。

泳ぎのココに効く   キャッチ&プル フィニッシュ リカバリー

カラダのココに効く
- キャッチで遠くの水をとらえたり、フィニッシュで最後まで水を押し切るストロークができる
- 肩甲骨の動きも意識しやすくなる
- 繰り返すことで、徐々に開く、寄せる、上げる、下げるの感覚をつかめるようになる

Warming up 06 骨盤まわり

骨盤回しウォーキング

歩きながら骨盤を回し、脚の付け根の動きを「シェイプ」するメニュー。前後をバランス良く行い、骨盤、股関節の動きをほぐしていこう。

回数 左右3セットずつ

▶ Target!
● お尻(骨盤)

1 姿勢を維持して歩く

1、2歩目はドローインを行い、真っすぐな姿勢を維持して軽く歩く。

2 ヒザを外側に向ける

後ろ脚のヒザを外側に向けるようにして、骨盤を開く。

3 脚を持ち上げる

骨盤を大きく開きながら、付け根からしっかりと脚を持ち上げる。

4 脚を前に運ぶ

骨盤を回すようにしながら、付け根から脚を前に運ぶ。

5 大きく踏み出す

最後に脚を大きく前へ踏み出す。ここまでの動きをリズミカルに行う。

Level up!

後ろ回しも同じように行う

そのまま後ろ歩きでも骨盤回しを行う。前回しと同じように、3歩目で脚を付け根から持ち上げて、そのまま骨盤で半円を描くように後ろに運ぶ。

泳ぎのココに効く

キック

カラダのココに効く

- 脚の付け根をほぐし、骨盤の動きをシェイプすることで、推進力の高いキックができるようになる
- 大きく脚を動かすことで、骨盤まわりの柔軟性も高まる
- ドローインと骨盤回しを合わせることで下腹部が締まり、お腹まわりがシェイプされる

Warming up 07 上肢

腕の内外旋

肩まわりの細かい筋肉に刺激を与えるメニュー。P.18などの大きな動きの後に、細かいところに意識を向けて、トレーニングの準備をしていく。

回数 内外各10回

▶Target!
- 上肢

1 テーブルに両手をつく

テーブルなどに両手をつく。台がなければ、四つん這いになって床についてもOK。

2 腕を外側に回す

手と肩の位置は変えずに腕を外側に回す。ヒジを正面に向けるようなイメージ。肩の内部にある細かい筋肉に刺激が入るのを感じ取る。

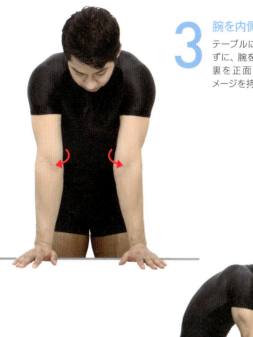

3 腕を内側に回す

テーブルについた手は動かさずに、腕を内側に回す。ヒジ裏を正面に向けるようなイメージを持つ。

泳ぎの ココに効く	キャッチ&プル	フィニッシュ	リカバリー	

カラダの ココに効く
- ストローク中の腕の細かい内外旋の感覚が覚えられる
- 細かい筋肉への刺激が故障の予防になる
- 肩のインナーマッスルを刺激するので、肩こりにも効果的

Warming up 08 　上肢

肩関節戻し

肩関節は本来の位置から微妙にズレている。そのズレは、動かすほど大きくなる。肩関節を元の位置に戻しつつ、三角筋に刺激を入れるメニュー。

回数 ▶ 左右10回ずつ

▶ Target!
- 肩（三角筋）

1 タオルを巻き付ける

タオルなどを上腕に巻き、ヒジを90°くらいに曲げる。反対側の手でタオルを軽く引っ張るようにしておく。

2 腕を持ち上げる

ヒジの角度は90°を保ち、脇を開くようにして腕を真横に持ち上げる。

タオルを引っ張る力で負荷を調整しよう。

泳ぎの ココに効く				リカバリー	

**カラダの
ココに効く**
- 三角筋に刺激を入れて、肩関節を正常な位置に戻す
- 関節のズレから起こる痛みや倦怠感などを解消する
- 肩甲骨の開閉も意識すると、肩まわりの筋肉がシェイプされる

Warming up 09 下肢

ランジウォーク&T字バランス

骨盤に軽く負荷をかけて身体全体に刺激を入れ、全身運動する準備が整う。ランジで下半身、T字バランスで体幹が刺激できる。

回数 ランジ：左右3セットずつ　T字：左右3セットずつ

▶ **Target!**
- お尻（骨盤・臀部）
- 太もも（大腿四頭筋・ハムストリングス）

ランジウォーク

1 両腕を伸ばして構え、姿勢を維持して歩く

1、2歩目はドローインで真っすぐな姿勢を維持し、両腕を前方に伸ばして歩く。

手を前に出すのは、真っすぐな姿勢を意識するため。

2 腰を落とす

3歩目で腰を落とす。前方の脚と後方の脚が、ともに90°くらいになるように意識する。

T字バランス

1 姿勢を維持して歩く

1、2歩目まではドローインで身体が真っすぐな状態をつくり、その姿勢を維持して歩く。

> ドローインで体幹を締めておくことがポイント。腰に負担がかかる運動のため、腰痛がある人は無理にT字をつくらず、身体を倒せるところまででOK。

2 身体でT字をつくる

前に出した脚と反対側の手と後ろ側の脚を上げて、身体でT字をつくるように上半身を倒す。

泳ぎのココに効く

キック

カラダのココに効く

- ランジで骨盤まわりのストレッチと脚への刺激入れを同時に行える
- T字バランスは、上半身の姿勢づくりに役立つ
- 筋力や関節に左右差があると、ランジウォークで上半身がブレたり、T字バランスを維持できなかったりするので、自分の左右差を把握し、修正するのに役立つ

Column 2

使わない筋肉から鍛えてみよう

　いくらトレーニングをしても、一朝一夕には身体は変わりません。1回に行う量は少しでも良いので、必ず継続してトレーニングし続けることが大切です。

　人は何かを習慣化するためには、最低でも2、3カ月は必要だと言われています。しかし、目に見える変化や明確な実感がないと、トレーニングを続けることは難しいですよね。そこで、継続のコツを2つお伝えします。

　ひとつは、鏡を見ることです。毎日トレーニングしていると、2週間目あたりから小さな変化が起き始めます。それを確認するために、トレーニングの後は鏡で自分の身体を確認してみましょう。ほんの少しでも、自分の身体に変化が見つかるとうれしいものです。それがモチベーションになり、トレーニングの継続にひと役買ってくれるでしょう。

　もうひとつは、今まで意識したことがない筋肉から鍛えることです。鏡を見たとしても、自分から見えるのは大胸筋や腹筋、大腿四頭筋といった、身体の前面の筋肉だけです。そこで、最初は肩の三角筋や腕の上腕三頭筋、脚後面のハムストリングスなど、自分では見えない部位を中心にトレーニングしてみましょう。これらは日常生活でもあまり使われず、それほど発達していない筋肉です。それはつまり、軽い負荷のトレーニングでも筋力アップが望める部位なのです。

　さらに、使ったことがない筋肉を鍛えるからこそ、身体がきれいに「シェイプ」されていきます。見た目を変えるには、まずは意識したことがない部位を鍛えていき、鏡でチェックして全身を意識するようにしていくのです。そうすれば、短期間で身体が変わったことを認識でき、モチベーションも上がり、見た目も分かりやすく変化していきます。

　普段から意識していない筋肉を鍛えると、日常生活においても少しずつ変化が感じられるはずです。10分歩くだけで疲れていたのが、いつの間にか30分歩けるようになったり、買い物をしたときに重たい荷物を持つことが苦ではなくなっていたりします。そういう小さな変化に気付けるかどうかが、トレーニングを継続していくためのモチベーションにも関わってくるのです。

Part 3
部位別ドライランドトレーニング
Dryland Training

トレーニングを始めたからといって、見た目が突然変わることはありません。
鍛えたい部位と、自分の筋肉のレベルに合わせて、
継続してトレーニングを積んでいきましょう。

Dryland Training 01 肩まわり

フロント アームレイズ

三角筋を鍛えるトレーニング。肩が上がりにくい場合はウォーミングアップ（P.18）を行ってから取り組む。

▶Target!
● 肩（三角筋）

初級 10回　　**中級** 20回　　**上級** 30回

1 ドローインをしてペットボトルを持つ

体幹をドローインで締めて真っすぐな姿勢をつくり、500ml程度の重さのペットボトルを両手で持つ。手の甲は正面を向ける。

2

腕を90°まで持ち上げる

上半身が前後にブレないように注意して、手の甲を上に向けたまま腕を90°持ち上げる。肩の上側に刺激が入っていることを確認しながら行う。

Level up!

ペットボトルを重くして負荷を増やす

500mlで上級の回数（30回）が楽にこなせるようになったら、ペットボトルを重くして負荷を上げよう。水の量でも重さを調整できる。

泳ぎの ココに効く				
			リカバリー	

カラダのココに効く

- リカバリーで使う三角筋が鍛えられる。腕を前に運ぶ動作がスムーズになる
- 三角筋を鍛えると、肩幅が広くなり、体格がガッチリしている印象を与えられる
- 重たい荷物を持つときにも使う部位なので、鞄も軽く感じられるようになる

Part3 部位別ドライランドトレーニング ｜ 肩まわり

Dryland Training 02　肩まわり

サイドアームレイズ

▶Target!
● 肩（三角筋）

「フロントアームレイズ」と同じように三角筋を鍛える。縦方向に加えて、横方向への筋力も鍛える。

初級 10回　**中級** 20回　**上級** 30回

1 手の甲を外側に向けてペットボトルを両手に持つ

手の甲を外側に向けてペットボトルを持つ。このとき、ドローインをして体幹を締めておく。

2 脇を開くようにして腕を持ち上げる

ヒジは曲げず、脇を開くようにして、真横に腕を90°まで持ち上げる。

> 肩だけではなく、背中の肩甲骨まわりの動きも意識すると、さらに効果が上がる。

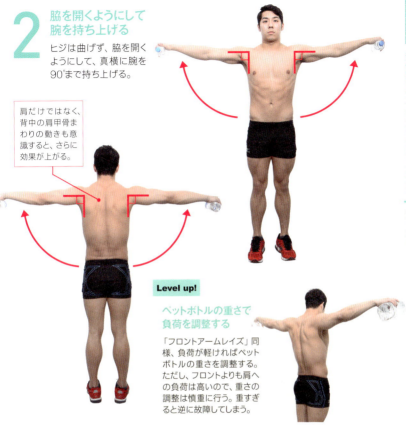

Level up!

ペットボトルの重さで負荷を調整する

「フロントアームレイズ」同様、負荷が軽ければペットボトルの重さを調整する。ただし、フロントよりも肩への負荷は高いので、重さの調整は慎重に行う。重すぎると逆に故障してしまう。

泳ぎのココに効く				
		リカバリー 	

カラダのココに効く
- リカバリーで使用する三角筋が鍛えられるトレーニング
- 「フロントアームレイズ」よりも負荷は高い。肩やヒジに痛みがある場合は、無理のない負荷で行う
- ドローインをしながら肩を動かすことで、体幹と腕を連動させる感覚もつかめる

Dryland Training 03 　肩まわり

バック
アームレイズ

フロント、サイドに加えて、三角筋の後部を鍛える。
肩だけでなく腕の後ろ側も意識する。

初級 10回　　**中級** 20回　　**上級** 30回

▶ **Target!**
- 肩（三角筋）
- 腕（上腕三頭筋）

1. 手の甲を外側に向けてドローイン

ドローインで体幹を締め、手の甲を外側に向けてペットボトルを持つ。

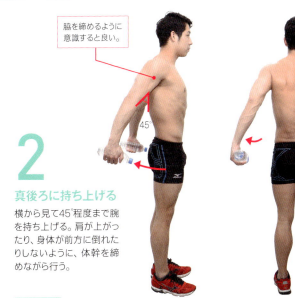

脇を締めるように意識すると良い。

2 真後ろに持ち上げる

横から見て45°程度まで腕を持ち上げる。肩が上がったり、身体が前方に倒れたりしないように、体幹を締めながら行う。

Level up!

重いペットボトルを持つ

フロント、サイドと同様、500mlで軽ければ、1Lや2Lのペットボトルを持ち上げる。ただし、上半身が動いたり、ヒジが曲がってしまったりするのはNG。三角筋と上腕三頭筋に効かなくなってしまう。ドローインで体幹を締めることと、腕を上げる角度は常に意識する。

| 泳ぎの
ココに効く | | フィニッシュ | リカバリー | |

カラダのココに効く
- 三角筋に加えて、上腕三頭筋に刺激が入り、腕の後ろ側を締めるので、二の腕のたるみがなくなって腕が「シャープ」になる
- 軽めの負荷だと腕を引き締め、重い負荷だと腕の太さを出せる
- 三角筋や上腕三頭筋が、逆三角形の体型の基礎をつくる

Part 3 部位別ドライランドトレーニング ｜ 肩まわり

Dryland Training 04 肩まわり

ベントオーバー リバースフライ

前屈みで肩まわりを引き締める。スタートポジションも重要なので、動きと合わせてチェックする。

初級 10回　　**中級** 20回　　**上級** 30回

▶ Target!
- 肩(肩甲骨・三角筋・僧帽筋)

1 上半身を前に倒す

ペットボトルを持ち、上半身を前に倒す。骨盤を前傾させながら腰を軽く落とし、背中が真っすぐになっていることが大切。ドローインをしながら行うと、きれいなスタートポジションをつくりやすい。

> 骨盤を前傾させながら腰を軽く落とし、背中を真っすぐに保つ。肩甲骨は少し開くような意識を持っておくと良い。

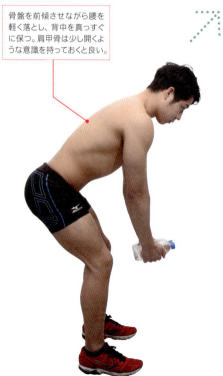

2

腕を外側に90°開く

腕を真横にゆっくり持ち上げる。ヒジを曲げず、肩甲骨を寄せるように意識すると良い。上半身が前後にブレたり、身体の反動を使ったりしないように注意。

Point

肩甲骨を引き寄せる

左右の肩甲骨を引き寄せ、その動きで腕が持ち上がるという意識を持つ。

| 泳ぎのココに効く | キャッチ&プル | | リカバリー | |

カラダのココに効く
- 肩まわりの筋肉が引き締められ、逆三角形に見える体型がつくられる
- リカバリーでは三角筋を使って腕を回し、肩甲骨を寄せる動きでその動作を助ける
- 体幹を締め、同時に複数の動作を行うという感覚をつくれる

Dryland Training 05 肩まわり

肩甲骨プッシュアップ

▶Target!
● 肩(肩甲骨)

四つん這いになり、肩甲骨の動きだけを意識して、肩から背中の筋肉の動きを「シェイプ」する。

| 初級 | 10回 | 中級 | 20回 | 上級 | 30回 |

1 四つん這いになる

スタートポジションは四つん這い。背中は丸めず、真っすぐな状態をつくる。

2 肩甲骨を寄せる

胸を沈めるような意識で肩甲骨を寄せる。必要以上に腰が反らないように気を付けよう。

胸を沈めて肩甲骨を寄せる。

3 肩甲骨を開く

みぞおちあたりを引き上げるような意識で背中を丸め、肩甲骨を大きく開く。これを繰り返し行う。

背中を丸め、肩甲骨を開かせる。

泳ぎのココに効く

 キャッチ&プル
 フィニッシュ
 リカバリー

カラダのココに効く

- 肩甲骨の柔軟性を高め、同時に周辺の筋肉が鍛えられる
- 四つん這いで行うと、肩甲骨だけに集中してトレーニングができる
- 肩甲骨まわりを中心に背中が引き締まり、後ろ姿がスマートに見える
- 肩から肩甲骨の筋肉が鍛えられ、肩こりを防止できる

Dryland Training 06 肩まわり

肩甲骨ディップス

「肩甲骨プッシュアップ」よりも背中側を鍛える。肩甲骨周辺の筋肉を鍛えつつ、上腕三頭筋なども意識する。

▶ Target!
- 肩(三角筋・僧帽筋)
- 背中(広背筋)
- 腕(上腕三頭筋)

| 初級 | 10回 | 中級 | 20回 | 上級 | 30回 |

1 台に後ろ向きに手をつく

上半身は真っすぐに保ち、ヒザは90°ほどに曲げた状態で、イスなどの腰の高さの台に手をつく。

2 上半身を下ろす

肩甲骨を上げながら、逆に真っすぐ腰を下に落とす。

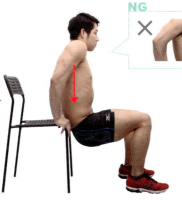

NG

ヒジを曲げすぎてしまうと意味がなくなる。腕が真っすぐな状態をキープしよう。

3 上半身を持ち上げる

肩甲骨を下げながら、上半身は真っすぐに保ち、腰を持ち上げる。

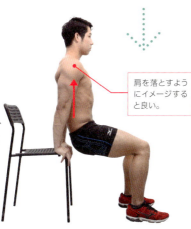

肩を落とすようにイメージすると良い。

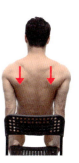

泳ぎのココに効く

キャッチ&プル

フィニッシュ

リカバリー

カラダのココに効く

- キャッチで腕を前に伸ばすとき、フィニッシュで水を押し切るときの動作で使う肩まわりが鍛えられる
- 身体を持ち上げる動作で背中も鍛えられる
- 「肩甲骨プッシュアップ」で肩甲骨の開く・閉じる動作、「肩甲骨ディップス」で肩甲骨の上げる・下げる動作で、背中がまんべんなく鍛えられる

Dryland Training 07 肩まわり

エントリー姿勢ショルダーレイ

泳ぐ動きに特化しつつ、三角筋、僧帽筋といった肩まわりの筋肉を鍛える。肩甲骨を寄せる動きを意識する。

初級 10回　　**中級** 20回　　**上級** 30回

▶Target!
- 肩（肩甲骨・三角筋・僧帽筋）

1. うつ伏せになり泳ぐ姿勢をとる

両手を前に伸ばした状態でうつ伏せになり、片手を上げて泳ぐ姿勢をつくる。

2 ヒジを持ち上げる

身体の中心軸は動かさず、腕を上げた方のヒジを持ち上げる。肩甲骨を寄せるようにして、肩からヒジまで持ち上げるように意識する。一度ヒジを上げたら元に戻し、同じ動作を繰り返す。

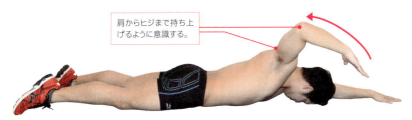

肩からヒジまで持ち上げるように意識する。

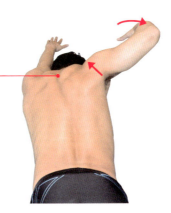

肩からヒジまで持ち上げると、肩甲骨も中央に寄る。

泳ぎのココに効く

   リカバリー

カラダのココに効く

- 実際の泳ぎの動きをイメージしたトレーニング
- 逆三角形をつくる三角筋や、背中のたくましさをつくる僧帽筋が鍛えられる
- 肩甲骨を片方ずつ動かすことで、肩まわりの筋肉を意識しやすくなる
- 背中の筋肉を鍛えると同時に、肩の柔軟性も高まる

Dryland Training 08 肩まわり

肩甲骨スライド②

肩まわりの負荷を高め鍛える。肩甲骨を開き、肩をしっかりと持ち上げることがポイント。

初級 10回　**中級** 20回　**上級** 30回

▶ Target!
- 肩(肩甲骨・僧帽筋)
- 背中(広背筋)

1 仰向けになり腕を伸ばす

ペットボトルを持って仰向けになり、床と垂直になるように腕を伸ばす。ドローインを忘れずに、床に肩がついていることを確認する。

肩は床につける。

2 ペットボトルを持ち上げる

肩から腕を持ち上げる。ヒジを曲げたり上半身を起こしたりせず、肩甲骨を開く動作だけで上げるのがポイント。動きは小さくてもOKだ。

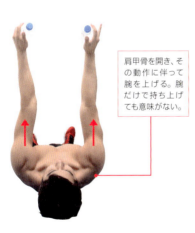

肩甲骨を開き、その動作に伴って腕を上げる。腕だけで持ち上げても意味がない。

Level up!

慣れてきたら負荷を上げる

楽にこなせるようになったら、ペットボトルを重くして負荷を上げる。大きいペットボトルを持てば、中の水の量でも重さを調節できる。

泳ぎの ココに効く	キャッチ&プル		リカバリー	

カラダの ココに効く
- リカバリーやキャッチで使う肩まわりの筋肉が鍛えられる
- 肩まわりの筋力アップと同時に、柔軟性も高められる
- 背中が引き締まると、普段の姿勢が良くなり、立つ、歩くという動作自体もきれいに見える

Dryland Training 09 上半身前部

プッシュアップ＆レッグアップ

大胸筋への効果を高めた腕立て伏せ。脚上げ（レッグアップ）を追加することで、体幹力もつけられる。

▶Target!
- 胸（大胸筋）
- 腕（上腕三頭筋）

初級 4セット　**中級** 8セット　**上級** 10セット

1 両手を床につく

両手をできるだけ大きく開いて床につく。頭からかかとまで一直線になる姿勢を保つ。

手はできるだけ大きく開く。指先は正面に向ける。

2 ヒジを曲げて体を落とす

真っすぐな姿勢を維持したまま、ヒジをしっかり曲げて身体を沈み込ませ（プッシュ）、再び**1**の状態に戻す（アップ）。

顔や身体が床につくくらいまでしっかり曲げられると良い。

3 片脚を上げる

2を2回行った後、**1**の状態のまま片脚を軽く上げて下ろす(レッグアップ)。ここまでで1セット。左右脚を換えながら**1**〜**3**を繰り返す。

Level up! 1
ヒジを曲げた状態で脚を上げる

3のレッグアップの際、**2**のヒジを曲げた状態のまま脚を上げ下ろしする。さらに大胸筋への負荷が高まり、筋肉への刺激が増す。

Level up! 2
脚を上げてから一度横に振る

Level up! ❶で片脚を上げたあと、そのまま横に脚を動かして戻す動きを入れる。姿勢をキープする力がアップする。

泳ぎのココに効く

 キャッチ&プル

カラダのココに効く

- 主にキャッチ&プルで水をかき込んでくるところで使う筋肉が鍛えられる
- プッシュアップをしながら脚を動かすことで、キックを打ちながら腕を動かすというトレーニングができる
- 真っすぐな姿勢を維持しながら行うことで、体幹も締まる
- 大胸筋が発達すると身体に厚みが出て、たくましく見える

Dryland Training 10 上半身前部

ストリームライン 上半身上げ

真っすぐな上半身の姿勢で腹筋を鍛える。水泳の真っすぐな姿勢（ストリームライン）を意識する。

▶ Target!
- お腹（腹直筋）
- 肩（肩甲骨）

初級 10回　**中級** 20回　**上級** 30回

1 仰向けで腕を上げる

仰向けになり、腕を垂直に伸ばす。脚はパートナーにおさえてもらうか、どこかに引っ掛けるなどして安定させる。

脚を安定させ、腕は床に対して垂直に上げる。

2 腕を伸ばしたまま上半身を起こす

腕を垂直に伸ばしたまま上半身を起こす。上半身は真っすぐな状態をキープしつつ、腕を真上に上げるような意識で行う。

上半身を45°くらいまで上げればOK。

45°

Level up!

ペットボトルを持って負荷をアップ

自重だけでも十分な負荷がかかるが、慣れてきたらペットボトルを持って負荷を上げる。特に下腹部に力を入れると、上半身を丸めずに起こせる。

泳ぎのココに効く			リカバリー	キック

カラダのココに効く
- 身体を真っすぐにすることで腹筋の下部にも刺激が入り、上半身全体が引き締められる
- 腹筋が締まることで、身体にくびれをつくれる
- 背中側にも刺激が入り、上半身全体が引き締められる

Dryland Training 11 上半身前部

チョッピング
リフティング

腹筋運動に捻りを加えて腹斜筋を鍛える。体幹まわりすべてを鍛えることができる。

▶ Target!
- お腹(腹直筋・腹斜筋)
- 肩(肩甲骨)

| 初 級 | 左右5回ずつ | 中 級 | 左右10回ずつ | 上 級 | 左右15回ずつ |

1 仰向けに寝て手首を掴む

脚を軽く開いて仰向けに寝て、腕を伸ばし片方の手首を掴む。

2 上半身を起こしていく

ゆっくり上半身を起こしていく。脚が固定されていないので、下半身が浮き上がらないように注意する。

身体の捻りと、腹斜筋への刺激を意識する。

3 手を脚の外側へ運ぶ

手首を伸ばした腕と逆脚の外側に運び、身体を捻る。逆側も同様に行う。

| 泳ぎの
ココに効く | | | リカバリー | キック |

カラダの ココに効く

- 腹筋の動きに捻りを加えることで、体幹まわりすべてに刺激が入る
- 体幹に刺激が入ると、お腹まわりをシェイプするのに効果的
- 「ストリームライン上半身上げ」とセットで行うとより効果的

Dryland Training 12 上半身前部

Vアップ

▶ Target!
- お腹（腹直筋）
- 腰（腸腰筋）

より高い負荷を腹筋にかけるトレーニング。勢いをつけて、瞬発的に力を発揮する。

初級 5回　**中級** 10回　**上級** 15回

1 ストリームラインで仰向けに寝る

腕と脚を伸ばし、ストリームラインの体勢で仰向けに寝る。腕と脚は床から少し浮かし、ドローインで体幹を締める。

ドローインで体幹を締める。

2 腕と脚を同時に持ち上げる

腰を支点に、上半身と下半身の両方を同時に持ち上げる。ヒジとヒザを曲げないように注意。

3 足にタッチする

そのまま手で足にタッチする。反動を使っても良いので、勢い良く身体をVの字に曲げよう。身体がかたい人はタッチできなくても良いので、足を曲げないように注意。

> 下半身と上半身が均等に持ち上がるのが理想だ。

泳ぎのココに効く

   リカバリー キック

カラダのココに効く

- 腹筋の上部と下部を同時に鍛えられる
- 脚を持ち上げるときに使う腸腰筋は、姿勢づくりに良い効果を与える
- 腰への負担も大きいメニュー。腰痛がある場合は2くらいまででOK

Dryland Training 13 上半身前部

斜めVアップ

▶ Target!
- お腹（腹直筋・腹斜筋）

左右どちらかに身体を傾けた状態で「Vアップ」を行う。腹直筋と腹斜筋に刺激が入る。

初級 5回　　**中級** 10回　　**上級** 15回

1 ストリームラインで斜めに寝る

ストリームラインの体勢をとり、身体の左右どちらかを浮かせて斜めに寝る。床についている側の身体が支点になる。

ドローインを忘れずに行う。

2 腕と脚を持ち上げる

斜めに浮かせた体勢を維持したまま、腕と脚を同時に持ち上げる。

3 身体を起こす

Vの字をつくるように上半身を持ち上げる。腹斜筋に刺激が入っていることを意識する。

肩甲骨がしっかりと床から離れるくらいまで持ち上げる。

泳ぎの
ココに効く

リカバリー　キック

カラダの
ココに効く

- 腹斜筋に高い負荷をかけるので、体幹部分が引き締まり、バランス感覚や姿勢が整う
- 腹直筋は身体の前後のブレ、腹斜筋は左右のブレを抑えてくれるので、立ち姿勢、歩き姿勢もスマートになる
- 「Vアップ」同様に負荷が高いメニュー。腰痛がある場合は無理をしないように

Dryland Training 14 上半身前部

腹筋のゆりかご

▶ Target!
- お腹（腹直筋）

身体を湾曲させて、ゆりかごのように前後に揺れる。
姿勢や身体の向きを保持するための腹筋をつける。

初級 5回　　**中級** 10回　　**上級** 15回

1 仰向けに寝て半円をつくる

仰向けに床に寝て、頭の上に腕を伸ばし、手の平を重ねる。その状態から肩と脚を浮かせる。ヒザとヒジは真っすぐに伸ばす。

> 背中をつき、身体で半円をつくるイメージ。

2 身体を起こす

身体の半円を維持したまま上体を起こす。

> 脚は床につかないように注意する。

3 後ろに倒れる

2の身体の形を維持したまま、身体を後ろに倒す。2〜3を繰り返す。

身体をゆりかごに見立てて、ゆらゆら揺れるようなイメージで行う。

泳ぎのココに効く

   リカバリー キック

カラダのココに効く

- 姿勢を維持し続けるための体幹が鍛えられる
- 前後に揺れることで、腹筋上部から下部までまんべんなく鍛えられる
- 抵抗の少ない泳姿勢や、きれいな立ち姿勢がとれるようになる

Dryland Training 15 上半身前部

腰背部シットアップ

腰を床につけ、肩は浮かせた状態で行う。細かく動かすことで、腹筋の下部をピンポイントで鍛える。

初級 10回　　**中級** 20回　　**上級** 30回

▶ Target!
- お腹（腹直筋）

1 脚を開いて上半身を起こす

仰向けに寝て、脚を肩幅に開いてその間に手を入れる体勢をつくる。腕は真っすぐに伸ばし、肩甲骨は床から離す。

最初から肩を浮かせた姿勢をとる。

NG

身体を完全に倒してしまうのはNG。負荷がリセットされ、効果が薄れてしまう。

2 身体を起こす

腕を水平に滑らせるようなイメージで前に出し、同時に身体を起こす。脚が床から離れないように注意し、腹筋下部への刺激を意識しながら行う。起こした後は**1**に戻り、同じ動きを繰り返す。

腕を水平に滑らせて前に出す。

泳ぎのココに効く

   リカバリー キック

カラダのココに効く

- 「腹筋のゆりかご」と同じように、姿勢を維持する力が身に付く
- 腹筋を含め、体幹まわりは水泳のあらゆる場面で必要になる
- 腹筋下部をしっかりと鍛えると腰痛予防になる
- 体幹はコルセットのような働きをするので、内臓も正常な位置に戻り、出っ張ったお腹がへこむ

Dryland Training 16　上半身前部

背中横歩き

肩と脚を浮かせた「クランチ」姿勢のまま横に移動する。体幹の捻りを使い身体を動かす。

▶Target!
- お腹（腹直筋・腹斜筋）

初級	中級	上級
4回	8回	12回

1 「クランチ」姿勢をつくる

ヒザを90°に曲げて脚を上げ、「クランチ」姿勢をつくる。

2 肩を浮かせて上半身を横にずらす

肩を浮かせて体幹を捻り、上半身を横にずらす。

進行方向側の肩を浮かせてから逆側の肩を浮かすとスムーズ。

3 腰を浮かせて お尻を横にずらす

腰を浮かせて身体を捻り、お尻を横にずらす。これを繰り返して、真横に身体を移動させていく。

最初から大きく動く必要はない。少しずつでも良いので、腹筋上部と下部の捻り動作を確実に行う。

泳ぎの ココに効く

カラダの ココに効く

- 腹直筋で身体を持ち上げる力と、腹斜筋で身体を捻る力の両方が鍛えられる
- 体幹の筋肉すべてを使いこなし、筋力はもちろん連動性も高められる
- 捻りが加わることで、身体を安定させる力が高まる

Dryland Training 17 背中

肩甲骨スライド③

仰向けに寝た状態で、肩甲骨だけを上下にスライドさせる。肩を動かせているか確認しながら行う。

▶Target!
● 肩（肩甲骨・三角筋・僧帽筋）

初級 10回　　**中級** 20回　　**上級** 30回

1. バンザイの状態で仰向けに寝る

仰向けになりバンザイの状態をとる。
体幹はドローインで締める。

NG

ヒジを曲げるのはNG。腕を伸ばす動作と、肩甲骨を動かす動作が紛れてしまう。

2 肩甲骨だけを上下にスライドさせる

肩甲骨から動かし、腕を真上に向かって伸ばすようなイメージで上にスライド。1の状態に下げ、これを繰り返す。

肩甲骨を床にこすりつけるようにして行うと、肩の動きを意識しやすい。

泳ぎのココに効く

 キャッチ&プル   リカバリー

身体のココに効く

- 肩から腕を動かすのではなく、肩甲骨から腕を動かす意識ができるようになると、何度も腕を回すことになる水泳において肩関節への負担が減る
- 特に入水からキャッチ動作で、肩甲骨がしっかり動かせると遠くの水を掴むことができる
- 肩甲骨から腕を伸ばす動作をすれば、肩の痛みは出にくくなり、さらに肩こり解消にも役立つ

Dryland Training 18 背中

肩甲骨
エクササイズ①

▶ Target!
- 肩(肩甲骨・三角筋・僧帽筋)

うつ伏せになり、肩を下げた状態から肩甲骨を寄せる。フィニッシュからリカバリー動作をイメージ。

初級 ▶ 左右5回ずつ　　**中級** ▶ 左右10回ずつ　　**上級** ▶ 左右15回ずつ

1 うつ伏せで腕を上下に伸ばす

うつ伏せになり、腕を上下に伸ばす。

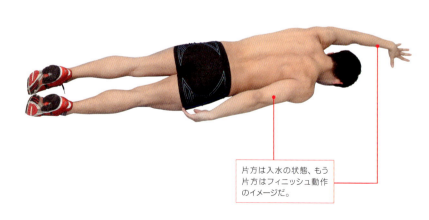

片方は入水の状態、もう片方はフィニッシュ動作のイメージだ。

2 肩甲骨を寄せて腕を持ち上げる

腕を下に伸ばした側の肩甲骨を寄せて、腕を持ち上げ下ろす。これを繰り返す。逆側も同様に行う。

Part 3 部位別ドライランドトレーニング｜背中

腕だけで上げるのではなく、肩甲骨を使って肩から腕全体を持ち上げる。

泳ぎのココに効く

フィニッシュ

リカバリー

カラダのココに効く

- 肩甲骨周辺の筋肉全体が鍛えられる
- 水泳のフィニッシュからリカバリー動作に移行する動作をイメージしたトレーニング
- 肩甲骨から腕を動かせると、肩関節への負担が減り、ケガが少なくなる

Dryland Training 19 背中

肩甲骨エクササイズ②

▶ Target!
● 肩（肩甲骨・三角筋・僧帽筋）

リカバリー動作をイメージした動き。肩甲骨を寄せる動きがポイント。「肩甲骨エクササイズ①」から続けて行う。

初級 左右5回ずつ　**中級** 左右10回ずつ　**上級** 左右15回ずつ

1 腕を肩の真横に伸ばす

腕を肩の真横よりやや下に伸ばし、ヒジを軽く曲げる。

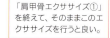

「肩甲骨エクササイズ①」を終えて、そのままこのエクササイズを行うと良い。

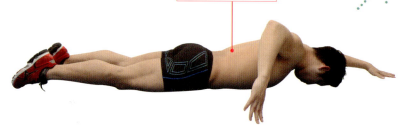

2 肩甲骨を寄せて腕を上げる

腕の形を変えずに、肩甲骨を寄せて腕を上げる。上げ終えたら戻す。これを繰り返す。逆側も同様に行う。

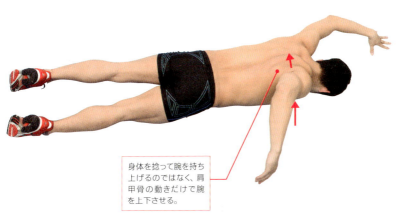

> 身体を捻って腕を持ち上げるのではなく、肩甲骨の動きだけで腕を上下させる。

泳ぎの
ココに効く

リカバリー

カラダの
ココに効く

- 水泳のリカバリー動作をイメージした、肩甲骨のトレーニング
- 肩まわりと背中全体の筋肉が鍛えられる
- リカバリー動作で肩甲骨を使えると、身体が左右にブレにくく、真っすぐ泳げるようになる

Dryland Training 20 背中

肩甲骨
エクササイズ③

リカバリー動作から入水までをイメージ。肩甲骨を使って肩を大きく動かし、遠くの水をとらえる。

▶ Target!
- 肩（肩甲骨・三角筋・僧帽筋）

初級 左右5回ずつ　**中級** 左右10回ずつ　**上級** 左右15回ずつ

1 うつ伏せに寝て両腕を上に伸ばす

床にうつ伏せに寝て、両腕を上へ伸ばす。片腕は肩甲骨を寄せてヒジを曲げ、指先を床に立てる。

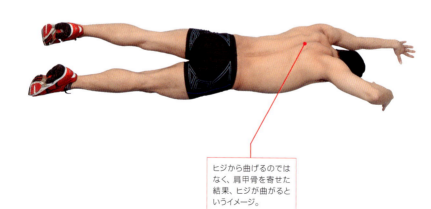

> ヒジから曲げるのではなく、肩甲骨を寄せた結果、ヒジが曲がるというイメージ。

2 腕を前に伸ばす

肩甲骨を寄せた状態から、肩甲骨から腕を前に伸ばす。伸ばし終えたら戻す。これを繰り返す。

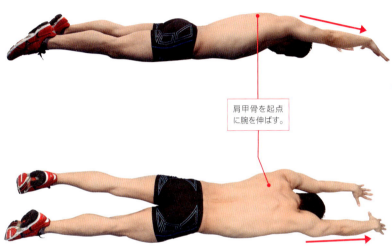

肩甲骨を起点に腕を伸ばす。

泳ぎのココに効く

  リカバリー

カラダのココに効く

- リカバリーから入水へ移行する動作ができるようになる
- 「肩甲骨エクササイズ」の①、②、③を続けて行うことで、下制(下げる動作)、内旋(寄せる動作)、挙上(上げる動作)のすべての動作ができるようになる
- 背中全体の筋肉を鍛え、肩甲骨から腕が動かせるようになる

Dryland Training 21 背中

タイミングエクササイズ

▶Target!
- 肩(肩甲骨・三角筋・僧帽筋)

クロールの動作をイメージ。身体を捻ったり肩甲骨を動かしたりするなど、クロールの動作を陸上で再現する。

初級 左右5回ずつ　**中級** 左右10回ずつ　**上級** 左右15回ずつ

1 うつ伏せになりクロールの形をつくる

うつ伏せに寝てクロールの形をつくる。手足の形を意識し、ドローインでお腹を締める。

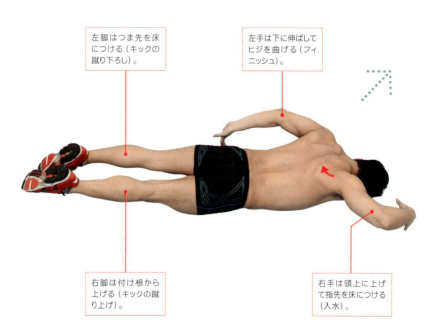

- 左脚はつま先を床につける(キックの蹴り下ろし)。
- 左手は下に伸ばしてヒジを曲げる(フィニッシュ)。
- 右脚は付け根から上げる(キックの蹴り上げ)。
- 右手は頭上に上げて指先を床につける(入水)。

2 クロール動作をする

左手は肩甲骨を下げて腕を伸ばし、右手は肩甲骨を上げて腕を伸ばす。左脚は床につま先を押しつけ、右脚は軽く上げる。これを繰り返す。反対側も同様に行う。

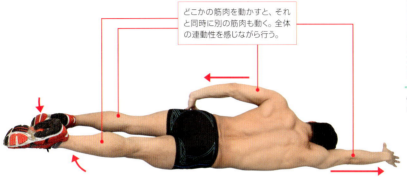

どこかの筋肉を動かすと、それと同時に別の筋肉も動く。全体の連動性を感じながら行う。

Point

クロールの姿勢に近づける

実際のクロールのタイミングに近付けることが大事。他の人に見てもらっても良い。

泳ぎの ココに効く

 フィニッシュ リカバリー

カラダの ココに効く

- クロールの基本動作で使う筋肉に刺激が入る
- 背中の筋肉をすべて連動させて動かす感覚が覚えられる
- 細かい部分も含めて背中の複数の動きを行うので、筋肉の連動性が高まる

Dryland Training 22 背中

背筋のゆりかご

▶ Target!
- 背中（広背筋）
- 肩（肩甲骨）

「腹筋のゆりかご」の背筋バージョン。背中の筋肉を使い続け、姿勢をキープする筋肉を鍛える。

初級 5回　　**中級** 10回　　**上級** 15回

1 うつ伏せになって足先を掴む

うつ伏せ姿勢になってヒザを曲げ、後ろ手で足先を掴む。

Part 3 部位別ドライランドトレーニング | 背中

2 身体を反らせる

脚を後ろに運び、上体を反らす。

脚はヒザを伸ばすように、手はその脚を引っ張るようにすると身体を反らせやすい。

3 頭側にゆれる

身体を反らした反動を利用し、頭側にゆらす。

ドローインでお腹を締めておくと身体が安定し、腰への負担も減らせる。

泳ぎの ココに効く		フィニッシュ	リカバリー	

**カラダの
ココに効く**

- 背筋を使い続けるトレーニングなので、姿勢を維持する筋力がつけられる
- ドローインを同時に行うことで、腰への負担を減らしつつ、背筋にも刺激が入れられる
- 背筋を鍛えると安定した姿勢で泳げる

Dryland Training 23 背中

バランス バックエクステンション

四つん這いになり、対角線上の腕と脚を持ち上げて、丸めて伸ばすを繰り返す。背中の筋肉を鍛える。

▶Target!
- 背中（広背筋）
- 肩（肩甲骨）
- お尻（臀部）
- 太もも（ハムストリングス）

初級 左右5回ずつ　**中級** 左右10回ずつ　**上級** 左右15回ずつ

1 四つん這いになり腕と脚を持ち上げる

四つん這いの姿勢から、右腕と左脚を持ち上げる。腕は親指を上にする。指先から足先までが水平になるように構える。

指先から足先までが一直線になるように構える。

2 ヒジとヒザをくっつける

バランスを崩さないように注意しながら、右ヒジと左ヒザをくっつける。ドローインをしておくと、バランスが崩れにくくなる。反対側も同様に行う。

Level up!

つま先を上げる

バランス感覚が高まってきたら、支えている側のつま先を上げて、ヒザだけで身体を支える。
身体が不安定になり、体幹を中心とした背中側の筋肉をより鍛えられるようになる。

※ヒザが痛ければマット
などを敷くと良い

**泳ぎの
ココに効く**

フィニッシュ　リカバリー

**カラダの
ココに効く**
- 体幹が鍛えられるとともに、バランス感覚も養われる
- 腕を伸ばすときは肩甲骨周辺の背中の筋肉、脚を伸ばすときには臀部やハムストリングスといった裏側の筋肉が刺激される
- 背中側全体の筋肉に刺激が入ると、猫背も矯正できる
- 身体のバランスや調子を整える効果もあるので、腰痛などにも効果が高い

Dryland Training 24 背中

胸郭回し

四つん這いの姿勢で胸を大きく回す。肩甲骨を開いたり閉じたりして、胸郭部分のみを回す。

▶ Target!
- 背中(広背筋)
- 肩(肩甲骨)

初級 5回　　**中級** 10回　　**上級** 15回

1 四つん這いになる
背中が床と水平になるように、四つん這いの姿勢をとる。

2 胸郭を左に動かす
胸郭だけを左に動かす。背中の高さは変えないように注意する。

3 胸郭を下げる
胸郭を下げる。肩甲骨を寄せ、それに伴い胸を下げるという意識で動かす。

肩甲骨を寄せ、その結果胸郭が下がっていることを意識する。

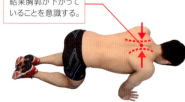

4 胸郭を右に動かす

胸郭を右側に動かす。ゆっくり、回転させるイメージで行おう。

5 胸郭を持ち上げる

胸郭を持ち上げる。肩甲骨を開き、それに伴って胸が上がるという意識で動かす。頭と腰の高さはあまり変えないように注意する。

大きな円を描くように胸を動かすと効果的。

泳ぎのココに効く				
		フィニッシュ	リカバリー	

カラダのココに効く
- 肩甲骨を動かす背中側の筋肉と、胸郭の動きが連動できるようになる
- 胸郭と肩まわりの筋肉を鍛えながら、柔軟性も高めることができる
- 胸郭の筋力と柔軟性が上がると、肺もふくらみやすくなり、呼吸が楽になる

Part 3 部位別ドライランドトレーニング　背中

Dryland Training 25　骨盤まわり

お尻歩き

▶ Target!
- お尻（骨盤・臀部）
- 腰（腸腰筋）

長座の状態から脚を上げ、骨盤を左右に捻りながらお尻だけで歩く。骨盤周辺の筋肉を意識する。

初級 左右5歩ずつ　**中級** 左右10歩ずつ　**上級** 左右15歩ずつ

1 長座して脚を上げる

長座して脚を上げる。お尻だけが床についている状態をつくる。

2 お尻を上げて進む

身体のバランスをとりながら、片側のお尻を上げて前に進む。

3 逆のお尻を上げて進む

逆側のお尻も同じように上げて前に進む。

身体の中心軸はブレないように気を付ける。

| 泳ぎの
ココに効く | | | | キック |

カラダの ココに効く
- 骨盤まわりの筋肉全体を鍛えると同時に、身体のバランス感覚も養うことができる
- お尻の筋肉と骨盤まわりの筋肉の連動性が高められる
- 骨盤まわりの筋肉が自由に使えると、腰痛予防になる

Dryland Training 26 骨盤まわり

クランチリバースシットアップ

「クランチ」の姿勢から骨盤を持ち上げる。腹筋を鍛えながら、骨盤周辺も意識して行う。

▶ Target!
- お尻（骨盤・臀部）
- 腰（腸腰筋）
- お腹（腹直筋）

初級 10回　**中級** 20回　**上級** 30回

1 「クランチ」姿勢でドローイン

ヒザを90°に曲げて、手を頭の後ろに回し「クランチ」姿勢をつくる。

ドローインで体幹を締めるのも忘れずに。

2 お尻を上げる

ヒザを真上に上げるようなイメージで、お尻だけを上げる。

下腹部や脚の付け根を意識しながら、骨盤を後傾させるようにしてお尻を締めるのがコツ。

NG ✗ ヒザを抱えるようになるのはNG。骨盤が働かなくなってしまう。

Part3 部位別ドライランドトレーニング｜骨盤まわり

泳ぎのココに効く

    キック

カラダのココに効く

- お尻を持ち上げるときに骨盤を後傾させる動きが入るので、骨盤まわりの動きが「シェイプ」される
- 骨盤まわりの筋肉が使えると、脚全体で強いキックを蹴れるようになる
- 下腹部も同時に鍛えるので、お腹まわりが締まる

Dryland Training 27 骨盤まわり

骨盤の前傾後傾

▶ Target!
● お尻（骨盤）

立位の状態で、骨盤だけを動かす。骨盤が動くように柔軟性を高め、下腹部や腰部の筋肉も鍛える。

初級 10回　　**中級** 20回　　**上級** 30回

1 立位でドローイン
ドローインで体幹を締め、真っすぐな姿勢をつくる。

2 骨盤を前傾させる
腰部に力を入れるようにして骨盤を前傾させる。

頭と肩の位置が変わらないようにするのがポイント。

NG ✕
上半身を倒してお尻だけを突き出すような形はNG。

3

骨盤を後傾させる

下腹部をへこませるように意識しながら骨盤を後傾させる。

肩と頭の位置は変えず、お尻をギュッと締めるイメージで行うと良い。

NG
ヒザを曲げたり、背中を丸めたりするのはNG。頭と肩の位置は動かさず、骨盤だけを動かす。

泳ぎのココに効く

    キック

カラダのココに効く
- キックの蹴り下ろしに後傾、蹴り上げに前傾の動きを使う
- 骨盤が動くようになると、下腹部が締まる
- 骨盤の柔軟性が高まると、腰痛予防にもなる

Dryland Training 28 骨盤まわり

骨盤の回旋

▶ Target!
● お尻（骨盤）

立位の状態で骨盤を回旋させる。骨盤を前後左右に動かして柔軟性を高め、骨盤を動かす筋肉を鍛える。

初級 5回　　中級 10回　　上級 15回

1 立位でドローイン
立位の状態で、ドローイン。体幹を締める。

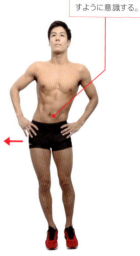

下腹部と同時に右側の体全体を動かすように意識する。

2 骨盤を右にスライド
頭と肩の位置は変えないようにして、骨盤だけを右にスライドさせる。

3 骨盤を前傾させる
骨盤をゆっくり回すようにして前傾させる。

4 骨盤を左にスライドさせる

骨盤をゆっくりと左側に回す。頭と肩の位置を動かさないように注意。

5 骨盤を後傾させる

骨盤を後傾させる。お尻で円を描くようなイメージで行おう。

泳ぎの ココに効く				
				キック

**カラダの
ココに効く**
- 左右へのスライドを加えることで骨盤の柔軟性が高まり、筋肉も同時に鍛えることができる
- 骨盤を回す動作は様々な筋肉を連動させるので、お腹まわりのシェイプアップ効果が高い
- 骨盤の柔軟性は、真っすぐな姿勢をつくったり、腰痛を予防したりする効果がある

Dryland Training 29 骨盤まわり

キャットバック

▶Target!
- お尻（骨盤）
- 肩（肩甲骨）

「骨盤の前傾後傾」を使って、上半身を動かす。骨盤に合わせて胸郭や肩甲骨も連動させる。

初級 10回　　**中級** 20回　　**上級** 30回

1 四つん這いでドローイン

四つん這いになり、ドローインで体幹を締める。

2 骨盤だけ前傾させる

骨盤だけ前傾させて、腰背部が反るような状態をつくる。

身体を反らしたりお腹を突き出したりしないように注意。

3 骨盤を後傾させる

骨盤を後傾させていく動きに合わせて背中を丸める。同時に肩甲骨も開く。

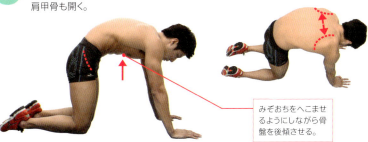

みぞおちをへこませるようにしながら骨盤を後傾させる。

泳ぎのココに効く

 フィニッシュ リカバリー キック

カラダのココに効く

- キックで使う骨盤の動きと、肩甲骨や体幹などの上半身の動きを連動させる感覚が養われる
- 骨盤を後傾させるときに、肩甲骨を開きながら背中を丸めるので、背中側の筋肉のストレッチ効果もある
- 背中側のストレッチは腰痛にも効果的
- 骨盤を前傾させるときに息を吸い、後傾させながらゆっくり息を吐いていくと、リフレッシュ効果もある

Dryland Training 30 骨盤まわり

胸郭スライド前後

▶ Target!
- お尻（骨盤）
- 胸（胸郭）
- お腹（腹直筋）

立位で胸郭を開いたり閉じたりする。動かすのは胸郭だが骨盤まわりを固定しておくことが重要なポイント。

初級 10回　　**中級** 20回　　**上級** 30回

1 手を軽く広げる

立って手を軽く広げる。このとき、ドローインでお腹を締めて、骨盤を動かさないようにする。

ドローインで骨盤まわりを締める。

2 胸郭だけを後ろへ

腕を少し前に出し、反対に胸郭を後ろへ反らす。みぞおちが押されているような意識を持つと良い。骨盤は固定し、胸郭だけを動かすこと。

骨盤を動かさないように注意。

腕を引くときは肩甲骨を閉じ、前に出すときは開くという意識を持つ。

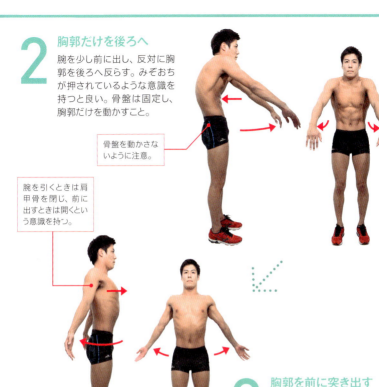

3 胸郭を前に突き出す

みぞおちを前に突き出すようにして、胸郭を前に出す。骨盤は前傾しないように、ドローインで固定する。

Part 3 部位別ドライランドトレーニング｜骨盤まわり

泳ぎのココに効く

  フィニッシュ　 リカバリー　 キック

カラダのココに効く

- キックをしながらフィニッシュとリカバリーを行うための身体の使い方が覚えられる
- 骨盤を固定しながら、他の部位を動かす感覚が身に付く
- 骨盤まわりを安定させるとバランス感覚が高まり、つまずいたり転んだりすることが減る

Dryland Training 31 骨盤まわり

胸郭スライド左右

▶Target!
- お尻（骨盤）
- 胸（胸郭）
- お腹（腹直筋）

胸郭を左右にスライドさせる。骨盤まわりを固定して、下半身は動かさないようにする。

初級 左右5回ずつ　**中級** 左右10回ずつ　**上級** 左右15回ずつ

1 立位でドローイン

両手を腰につけて立つ。「胸郭スライド前後」と同じように、ドローインをして骨盤を安定させる。

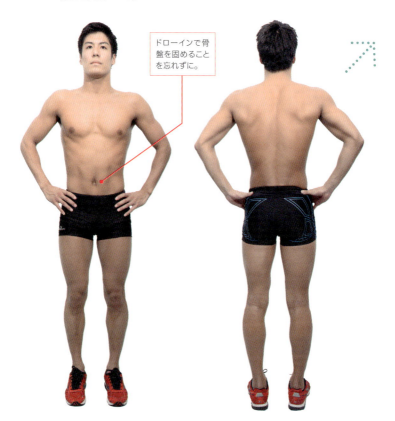

ドローインで骨盤を固めることを忘れずに。

胸郭をスライドさせる

骨盤から下を動かさず、胸郭だけ右にスライドさせる。

肩を上げないように、胸だけを真横にスライドさせる。

逆側にスライドさせる

右にスライドさせたのと同じように、反対側にもスライドさせる。骨盤はしっかり固定する。

Part 3 部位別ドライランドトレーニング ― 骨盤まわり

| 泳ぎの
ココに効く | | フィニッシュ | リカバリー | キック |

カラダの ココに効く

- 「胸郭スライド前後」と同じように、下半身を安定させることで上半身の動作の効率が高まる
- 体幹に対して斜めに刺激が入るので、捻りに強い体幹がつくられる
- 「胸郭スライド前後」と「胸郭スライド左右」は合わせて行うと、骨盤の全方向への動作を鍛えられる
- 骨盤が安定すると、歩いたり走ったりしたときでもきれいな姿勢をキープできるようになる

Dryland Training 32 骨盤まわり

体幹ウェービング

▶Target!
- お尻（骨盤）
- 肩（肩甲骨）
- お腹（腹直筋・腹斜筋）

ストリームラインの姿勢から、体幹をうねらせるようにしてウェーブさせる。骨盤まわりの総仕上げだ。

初級 10回　　**中級** 20回　　**上級** 30回

1 ストリームラインの姿勢をつくる
腕を真上に上げてストリームラインの姿勢をつくる。横から見て、指先から足までが一直線になる姿勢が理想だ。

指先から足までが真っすぐな状態。水中でもこの「ストリームライン」の姿勢がきれいなほど速く泳げる。

2 胸郭を斜め後ろに下げる
ゆっくり胸郭を斜め後ろに下げ、骨盤を後傾させる。

3 胸郭を斜め前に出す

胸郭を斜め前に突き出すように動かしていく。反対に骨盤は前傾させる。

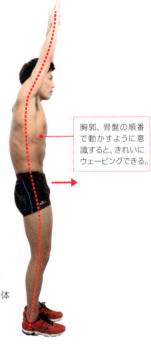

胸郭、骨盤の順番で動かすように意識すると、きれいにウェービングできる。

4 胸郭に合わせて体幹をウェービング

2、3の動きを繰り返し、体幹をウェーブさせる。

泳ぎのココに効く

  フィニッシュ リカバリー キック

カラダのココに効く

- これまでのトレーニングで覚えてきた骨盤の動き、胸郭の動きのすべてを連動させて行う
- なめらかなウェービングになれば、体幹と骨盤の動きがしっかりと連動している証拠
- 体幹と骨盤を連動させられるようになると、腰痛予防にもなる
- バタフライや背泳ぎのキックに効果的な身体の使い方が覚えられる

Dryland Training 33　上肢

ナロープッシュアップ

「プッシュアップ」を腕の幅を狭めて行う。上腕三頭筋により大きな負荷がかかる。

初級 4セット　　**中級** 8セット　　**上級** 10セット

▶ Target!
- 腕（上腕三頭筋）
- 背中（広背筋・三角筋）
- 胸（大胸筋）

1 両手を肩幅に開いて床につく

手を肩幅に開き、うつ伏せでつま先と手で身体を支える。このとき、頭から足まで一直線の姿勢を保つ。

> お尻を出しすぎたり腰を反らしたりしないように注意。

2 ヒジを曲げて身体を落とす

真っすぐな姿勢をキープしたまま、顔が床につくくらいまでしっかり曲げ、再び**1**の状態に戻す。

> 上腕三頭筋が鍛えられる。刺激が入っている部位が「プッシュアップ＆レッグアップ」と違うことを意識する。

3 身体を起こして片脚を上げる

2を2回行った後、1の状態のまま片脚を軽く上げて下ろす。ここまでで1セット。左右脚を換えながら1〜3を繰り返す。

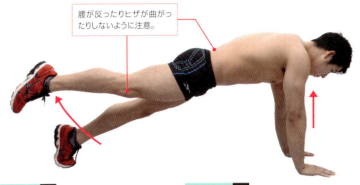

腰が反ったりヒザが曲がったりしないように注意。

Level up! 1

ヒジを曲げたまま脚を上げる

3のレッグアップの際、2のヒジを曲げて身体を落とした状態で脚を上げると、上半身への負荷がさらに上がる。

Level up! 2

脚を上げてから横にスライド

Level up! ❶で脚を上げたあと、脚をそのまま横にスライドさせる。バランスが崩れやすくなるので、負荷がアップする。余裕ができたら挑戦してみよう。

泳ぎのココに効く

 フィニッシュ リカバリー

カラダのココに効く

- 水を押し出すときに使う上腕三頭筋に刺激が入るので、スピードアップに効果的
- 「プッシュアップ&レッグアップ」よりも上腕三頭筋に大きな負荷をかけて鍛えることができる
- 上腕三頭筋がつくと、腕が引き締まって見える

Dryland Training 34 上肢

ディップス

イスや低めの台に手をつき、身体を落とす。「ナロープッシュアップ」よりもさらに上腕三頭筋に刺激が入る。

初級 10回　　**中級** 20回　　**上級** 30回

▶ Target!
- 腕（上腕三頭筋・上腕二頭筋）
- 肩（肩甲骨）

1 台に後ろ向きに手をつく

イスや低めの台に手をつき、かかとをついて身体を支える。つま先は天井に向ける。

2 ヒジを90°に曲げる

ヒジを曲げて身体を落とす。ヒジの角度は90°。ヒザが曲がらないように注意。

Level up! 1

脚にも台を用意する

脚を持ち上げると負荷が高まる。手をついた台と同じ高さの台を用意して、脚を乗せる。手よりも高い台だと、逆に負荷が下がってしまう。

Level up! 2

パートナーに脚を持ってもらう

パートナーに脚を持ってもらうとさらに負荷が高まる。ヒジを曲げるのと同時に、持っている脚を下げる。ヒザが90°くらいに曲がるくらいの高さが目安。

泳ぎのココに効く

  フィニッシュ

カラダのココに効く

- 「ナロープッシュアップ」よりもさらに上腕三頭筋に直接刺激が入るトレーニング
- トレーニングの動き自体も水泳のフィニッシュに近く、水中に近い感覚で鍛えられる
- 腕を曲げるときに肩甲骨も動かすので、肩まわりの柔軟性や筋力も高められる
- 上腕二頭筋にも刺激が入り、腕全体をたくましく見せることができる

Dryland Training 35 上肢

フロントブリッジ

手とつま先の2点で身体を支える。脚を動かす動作を入れることでバランス感覚も高めることができる。

▶ Target!
- 肩（三角筋・肩甲骨）
- 胸（大胸筋）
- お腹（腹直筋・腹斜筋）

初級 左右5回ずつ　**中級** 左右10回ずつ　**上級** 左右15回ずつ

1 手とつま先で身体を支える
頭から足までを真っすぐにし、手とつま先で身体を支える。ドローインで体幹を締めるのを忘れずに。

2 片脚を小刻みに上下させる
真っすぐな状態をキープしながら、片脚を上げて小刻みに上下させる。反対側も同様に行う。

NG
身体が反ったり、くの字に曲がったりしないように注意する。

Level up! 1

ヒジで身体を支える

手ではなくヒジで身体を支えると、体幹部分への負荷が高まる。

Level up! 2

片手を上げてバランスをとる

1の体勢のときに、親指を上にして片手を上げる。バランスの崩れに耐えて真っすぐな状態をキープできると、バランス感覚がアップする。

泳ぎの ココに効く

カラダの ココに効く

- わざとバランスを崩し、それに耐えるトレーニングで体幹がつくり上げられる
- 真っすぐな姿勢を維持し続ける力は、水泳で水の抵抗を減らすために必要不可欠
- 体幹部分を締めることができるので、どんな状態でもきれいな姿勢を維持できるようになり、立ち姿勢や歩き姿勢も美しくなる

Dryland Training 36 上肢

バックブリッジ

「フロントブリッジ」とは反対に、背中側を使って姿勢を維持する。背中を反りすぎないように注意する。

▶ Target!
- 腕(上腕三頭筋)
- 肩(三角筋)
- お尻(臀部)
- 太もも(ハムストリングス)

初級 左右5回ずつ　**中級** 左右10回ずつ　**上級** 左右15回ずつ

1 手とかかとで身体を支える

仰向けの状態でかかとと手をつき身体を支える。頭から足まで真っすぐな姿勢をつくる。

視線を上に向けて、頭からかかとまで真っすぐに保つ。

NG ✗

お尻がついてしまうのはNG。脚への負担がなくなってしまう。

2 片脚を小刻みに上下させる

片脚を上げてから小刻みに上下に動かす。腰を落としたり反らしたりせず、真っすぐな姿勢を保つ。

お尻を締めて、ハムストリングスの根元から動かす意識を持つ。

NG

アゴを引いてしまうと腰が落ちやすくなる。目線は真上を見るようにしよう。

| 泳ぎの
ココに効く | | 　フィニッシュ | 　リカバリー | 　キック |

カラダの ココに効く
- 「フロントブリッジ」とあわせて行うことで、身体の前面と背面の両方がバランス良く鍛えられる
- 身体の背面を使って身体を保持する力は、姿勢を整える効果もある
- お尻、ハムストリングスが締まると、楽に長く歩けるようになる

37 上肢

アームカール

上腕二頭筋を鍛える。軽い負荷から始め、上腕二頭筋を意識し、徐々に負荷を重くしていく。

▶ **Target!**
- 腕（上腕二頭筋・前腕）

初級 10回　　**中級** 20回　　**上級** 30回

1 ペットボトルを両手に持つ

ペットボトルを両手に持つ。このとき、ドローインで体幹を締めて、真っすぐな姿勢をつくる。

2 両腕同時に持ち上げる

両腕を同時に動かして、ヒジがしっかりと曲がりきるまでペットボトルを持ち上げる。持ち上げるときも体幹を締めて、身体が反らないようにする。

Level up! 1

片腕ずつ交互に行う

片腕ずつ交互に行うと上腕二頭筋のみを使うことになるので、ピンポイントで負荷を加えられる。

Level up! 2

腕を回旋させる

ペットボトルを回すようにすると、上腕二頭筋から三角筋までまんべんなく鍛えられる。特に水泳は腕の回旋運動が多いので、ストロークに効果的なトレーニングになる。

泳ぎの ココに効く	 キャッチ&プル			

カラダの ココに効く

- 水泳ではキャッチやプルで水をとらえるときに使う筋肉
- 腕の力こぶをつくる部位なので、発達するとたくましさが増す
- 荷物を持ち上げるときに良く使う筋肉。重たい鞄も楽に持てるようになる

Part 3 部位別ドライランドトレーニング ｜ 上肢

Dryland Training 38 上肢

トライセプス アームエクステンション

▶Target!
- 腕（上腕三頭筋）

上腕三頭筋（トライセプス）をピンポイントで鍛える。
背中を真っすぐに保ち、腰から上体を90°に曲げる。

初級 左右5回ずつ　**中級** 左右10回ずつ　**上級** 左右15回ずつ

1 手をついて前屈みになる

前屈みになり、イスなどの低めの台に手をつく。ペットボトルを持った方の腕は曲げ、体側にぴったりくっつけておく。

> ドローインを忘れずに行う。上半身を支え、より腕に刺激を集中させることができる。

2 ヒジを伸ばす

上半身は固定し、腕を体側にくっつけたまま、ペットボトルを持っている方の腕を伸ばす。

NG

ワキを開いてしまうとNG。上腕三頭筋に効かなくなる。

泳ぎの ココに効く		フィニッシュ		

**カラダの
ココに効く**
- 上腕三頭筋をピンポイントで鍛えることができる
- ドローインで上半身を締めることで、水泳のフィニッシュと近い状況をつくれる
- 二の腕の動きが良くなるので、スマートな印象を与えられる

Dryland Training 39 上肢

リストカール&アップ

▶Target!
● 腕(前腕)

腕を固定して手首だけを動かすことで、前腕をピンポイントに鍛える。手首を上下に真っすぐ動かす。

初級 左右5回ずつ　**中級** 左右10回ずつ　**上級** 左右15回ずつ

1 座ってペットボトルを持つ

座った状態でペットボトルを持つ。その前腕をヒザの上に置き、反対側の手で手首を握る。

2 ペットボトルを下げる

手首だけを動かして、ペットボトルを下に下げる。

3 ペットボトルを持ち上げる

手首だけを動かして、ペットボトルを持ち上げる。

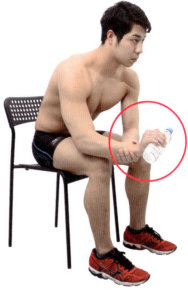

4 手の平の向きを変える

手の平を向きを変え下向きにして、同様に行う。前腕の裏側に刺激を入れる。

泳ぎの ココに効く	キャッチ&プル	フィニッシュ	リカバリー	

**カラダの
ココに効く**

- 水泳のキャッチやプル、フィニッシュ動作などで使う前腕が鍛えられる
- 両方の手の平の向きをあわせて行うことで、前腕にまんべんなく刺激を入れられる
- 前腕は握力にも影響するので、楽に荷物を持ち続けられるようになる

Dryland Training 40 上肢

三頭筋エクササイズ

立ったまま上腕三頭筋を鍛える。ドローインで体幹を締めて、身体がブレないように注意。

初級 左右5回ずつ　　**中級** 左右10回ずつ　　**上級** 左右15回ずつ

▶Target!
- 腕（上腕三頭筋）

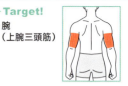

1 ペットボトルを持って後ろに回す

ペットボトルを持って頭の後ろに回す。反対側の手でヒジが動かないように支える。

ヒジの位置は必ず顔よりも前。後ろに回しすぎると、肩を痛めてしまう。

2
ヒジを伸ばす

真っすぐになるまで腕を伸ばす。ドローインで体幹を締めて身体を安定させておくとブレにくくなる。

> ヒジは逆の手でしっかり支え、位置を動かさない。身体もブレないように注意。ドローインでお腹を締めておく。

泳ぎのココに効く

フィニッシュ

カラダのココに効く

- 水泳のフィニッシュ動作で使う上腕三頭筋を鍛えるトレーニング
- 立っていると上半身が不安定になるので、体幹を締めながら腕を動かす感覚を覚える
- おもりが軽くても効果の高いトレーニングになる。ペットボトルは軽いものでOK

Part 3 部位別ドライランドトレーニング — 上肢

Dryland Training 41 下肢

ビハインド レッグレイズ

初心者が泳ぐと下半身が沈みやすい。臀部とハムストリングスを鍛えると、沈みにくくなる。

▶Target!
- お尻（臀部）
- 太もも（ハムストリングス）

初級 10回　**中級** 20回　**上級** 30回

1 うつ伏せで泳姿勢をつくる

うつ伏せになり、泳ぐときの姿勢をつくる。手は指先を床に立たせる。この状態でドローインをする。

2 片脚を上げる

片脚を上げる。ヒザを曲げず、臀部とハムストリングスを使って、付け根から動かすことを意識する。

ハムストリングで脚を上げ、付け根から動かす。

3 逆脚を上げる

逆脚を上げる。脚を上げすぎると腰に負担がかかるので、小さく動かす。これをバタ足を行うようにして繰り返す。

NG

脚を上げるときにヒザを曲げると、ハムストリングスへの効果がなくなる。

Level up!

両脚同時に上げる

両脚を同時に上げる方法も行っておくと良い。バタフライのキックのようになる。

泳ぎの ココに効く

キック

カラダの ココに効く

- 水中で沈みやすい下半身を浮かせて、キック動作を意識して鍛えられる
- 脚の裏側は身体を支えるのに必要な筋肉
- 臀部やハムストリングスといった脚の裏側を鍛えると、きれいな脚になる
- 臀部、ハムストリングスの筋肉は、立ち姿勢や歩き姿勢もきれいにしてくれる

Dryland Training 42 下肢

片脚 クォータースクワット

真っすぐな姿勢を維持したまま、片脚でスクワット。バランス感覚が必要なので、体幹も鍛えられる。

▶ Target!
- 太もも(ハムストリングス・大腿四頭筋)
- お尻(臀部)

初級 左右5回ずつ **中級** 左右10回ずつ **上級** 左右15回ずつ

1 片脚を前に出して上げる

両手を上げてストリームラインの姿勢をつくり、そのまま片脚を軽く上げる。

> ドローインも忘れずに行う。体幹を締めて上半身の姿勢を維持する。

2 立ちヒザを曲げる

上半身の姿勢を維持しつつ、立ちヒザを45°曲げる。上半身が必要以上に前に倒れたり、左右に身体がブレたりしないように注意する。これを両足とも行う。

上半身の真っすぐな姿勢は維持。ストリームラインをキープしながら、下半身に負荷をかける。

45°

泳ぎのココに効く

キック

カラダのココに効く

- ストリームラインの姿勢を維持しながら、下半身を鍛えるためのトレーニング
- バランス感覚も高めることができ、体幹を締めつつ脚を動かすという動きも覚える
- 身体全体への負荷はさほど大きくないが、トレーニングとしての負荷は十分にある
- 歩く、しゃがむ、立ち上がるといった普段の動作もスムーズになる

Dryland Training 43 下肢

仰向け ヒップレイズ

臀部やハムストリングスを鍛え、真っすぐな姿勢を維持する力をつける。腰を上げ下半身の背面を鍛える。

▶ Target!
- お尻(臀部)
- 太もも(ハムストリングス)

初級 10回　　中級 20回　　上級 30回

1 ヒザを曲げて仰向けに寝る

ヒザを曲げて仰向けに寝る。上半身はドローインで体幹を締めておく。

ドローインで体幹を締めるのを忘れずに。

2 お尻を上げる

肩からヒザまでのラインが一直線になるようにお尻を上げる。

お尻を締める意識を持って、ゆっくりと行うのがコツ。

Level up! 1

ストリームラインの姿勢で行う

腕を頭の上に上げてストリームラインの姿勢で行うと、上半身を支える支点が肩だけになるので、上げるときの負荷が高くなる。

Level up! 2

脚を上げる

Level up! ❶でお尻を上げたあと、片脚を上げると、バランス感覚も養える。つま先まで一直線になるように伸ばす。

| 泳ぎの
ココに効く | | | | キック |

カラダのココに効く

- 不安定な水中できれいなストリームラインを維持するのに必要な部位が鍛えられる
- 陸上でも真っすぐな良い姿勢を維持する力が高められる
- 臀部に力を入れつつ、ドローインで体幹を締める意識も高められる
- お尻が鍛えられると下半身が引き締まる

Dryland Training 44 下肢

腸腰筋エクササイズ

水泳のキックは、脚の付け根から動かすほうが効果的。その動作に使う腸腰筋に直接刺激を入れる。

▶ Target!
- 腰（腸腰筋）

初級 10回　　**中級** 20回　　**上級** 30回

1 イスに座りタオルをヒザに挟む

イスに腰かけ、ヒザにタオルを挟む。両手はイスの端を掴む。ドローインを忘れずに。

2 ヒザを上げる

脚の付け根から動かし、ヒザを真上に上げる。ドローインで体幹を締めて、上半身が後ろに倒れないように注意して行う。

Level up!

挟むものを変える

ヒザに挟むものをタオルからペットボトルなどに変える。材質によっては掴みにくいものもあるので、負荷だけでなく、挟むための感覚も養える。

泳ぎの ココに効く				キック

**カラダの
ココに効く**

- キックのとき、脚の根元から大きな蹴りができるようになる
- 腸腰筋は脚の付け根の小さな筋肉なので、軽く思える負荷でも十分に効果がある
- 腸腰筋が鍛えられると、歩くときに姿勢を崩すことがなくなる
- お腹まわりから脚にかけての動きが「シェイプ」される

Dryland Training 45 下肢

片脚ランジ

片脚でランジを行うと、バランス感覚を養いながら、軽い負荷でも高い効果が得られる。

初級 左右5回ずつ　**中級** 左右10回ずつ　**上級** 左右15回ずつ

▶ **Target!**
- 太もも(ハムストリングス・大腿四頭筋)
- お尻(骨盤)

1 片脚をイスに乗せる

手は頭の後ろで組んで上半身はドローイン。イスを身体の後ろに置き、片脚をイスに乗せる。もう片方の脚は身体よりも少し前に出す。

2 真っすぐ腰を落とす

ヒザが90°になるまでゆっくりと腰を落とす。

> 身体を前に倒しすぎてしまうことと、後ろの脚に体重を掛けすぎてしまうことに注意。

NG

> 上半身が前に倒れすぎると腰に負担がかかり、ハムストリングスへの効果も薄れてしまう。

泳ぎのココに効く				キック

カラダのココに効く
- 腸腰筋も含めた骨盤まわりが鍛えられ、柔軟性も高まる
- 骨盤から下を鍛え、バランス感覚も養えるので、下半身全体の「シェイプ」効果が高い
- バランス感覚がつくので、きれいな姿勢を維持したまま歩けるようになる

Dryland Training 46 下肢

バーピー

水泳経験者なら、誰もが見覚えのあるメニュー。下半身を中心に、身体全体に刺激を入れる。

初級 10回　　**中級** 20回　　**上級** 30回

▶ Target!
- お尻(臀部)
- 太もも(ハムストリングス・大腿四頭筋)
- ふくらはぎ(下腿三頭筋)

1 立位でドローイン

姿勢を正し直立に立つ。ドローインで体幹を締めておく。

2 腰を落とすようにしゃがむ

腰を落とし、床に手をつく。上半身を前に倒さないように注意する。

3 脚を後ろに伸ばす

脚を後ろに伸ばし、「フロントブリッジ」の姿勢をつくる。お尻が落ちないように、頭から足まで一直線になるようにする。

4 しゃがむ姿勢に戻る

両足を胸元に引きつけ、2の姿勢に戻る。ふくらはぎ（下腿三頭筋）を使って、手を支点に跳ねるように動かす。

5 直立姿勢に戻る

直立姿勢に戻る。腰から真上に身体を引き上げ、1で整えた姿勢をとれるのが理想。ドローインで体幹を締めることを忘れずに。

泳ぎのココに効く

 フィニッシュ リカバリー キック

カラダのココに効く

- 下肢が中心だが、全身にくまなく刺激を入れられるトレーニング
- 全身を連動させて動かし続けることがポイント
- ふくらはぎ（下腿三頭筋）を意識して行うと、瞬発力に欠かせない身体のバネも高められる
- 他のトレーニングよりも運動量が多く、心肺機能も鍛えられる

Dryland Training 47 下肢

バーティカルストリームライン スクワット&ジャンプ

▶Target!
- お尻(臀部)
- 太もも(ハムストリングス・大腿四頭筋)
- ふくらはぎ(下腿三頭筋)

水泳のスタートやターンで壁を蹴る動作。瞬発力と下半身のバネを鍛える。

初級 10回　　**中級** 20回　　**上級** 30回

1 ヒザを曲げて腰を落とす

骨盤を前傾させ、ヒザを軽く曲げる。肩からお尻までのラインを真っすぐにし、ヒザはつま先より前に出さないようにする。

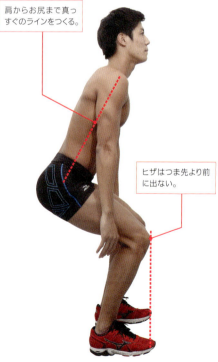

肩からお尻まで真っすぐのラインをつくる。

ヒザはつま先より前に出ない。

2 ストリームラインの形をつくりジャンプ

手を頭の上に振り上げ、ストリームラインの形をつくりながら思いきりジャンプする。着地後は**1**の姿勢に戻り、ジャンプを繰り返す。

真っすぐに跳び上がること、つま先が伸びるくらいまで下腿三頭筋を使うことを意識する。

| 泳ぎのココに効く | | フィニッシュ | リカバリー | キック |

カラダのココに効く
- 水泳のスタートやターンで床や壁を蹴るところを意識したトレーニング
- 下半身の筋肉をすべて使うことで、身体のバネを高めることができる
- 身体のバネが高まると、普段の生活の動きも「シェイプ」され、きびきびとした動きになる
- 体幹を締めておくと、上半身のトレーニングにもなる

Dryland Training 48 下肢

スクワット

下肢の裏側の筋肉を鍛える。骨盤の使い方とヒザの曲げ方がポイント。

初級 10回　**中級** 20回　**上級** 30回

▶**Target!**
- お尻（臀部）
- 太もも（ハムストリングス）

1 骨盤を前傾させる

立位の状態でドローインをして、骨盤を軽く前傾させる。

2 骨盤を前傾させたまま腰を落とす

ドローインと骨盤の前傾は維持したままで、少し上半身を前に倒し、ゆっくり腰を落としていく。背中は丸めないように注意。

お尻を突き出すのではなく、腰を真っすぐに落とす感覚を持つ。お尻とハムストリングスが伸びていればOKだ。

3

ヒザを90°に曲げる

そのまま腰を落としていき、ヒザと脚の付け根が90°になるまで曲げる。これを繰り返す。

ヒザを曲げたとき、つま先よりも前にヒザが出ないようにする。

Level up!

棒やパートナーに支えてもらう

パートナーや、棒や壁などに掴まって身体を支え、後ろに体重をかけながら行う。臀部やハムストリングスを意識しやすい。

泳ぎのココに効く

キック

カラダのココに効く

- 脚の裏側をより重点的に鍛えられるスクワット
- 骨盤を前傾させることで臀部に刺激が入りやすくなる
- 体幹が安定し、腰痛にも効果的
- 脚は前面よりも裏側を鍛えた方が、「シェイプ」効果が高い

Column 3

鍛えた部位を意識して
生活してみよう

　水泳選手の身体がきれいに見えるのは、単に逆三角形をつくる筋肉が発達しているということだけが理由ではありません。陸上トレーニング（ドライランドトレーニング）で鍛えた筋肉を、全身運動である水泳で毎日使っているからこそ、引き締まった、きれいな身体がつくり上げられるのです。水泳選手のように毎日泳ぐことは難しいかもしれませんが、鍛えた筋肉を継続的に使っていくことで、身体を引き締めることはできるはずです。

　ここまでに紹介してきたトレーニングをしながら、日々の生活に運動を取り入れてみてください。例えばランニングをしたり、山登りに行ったり、あるいは一駅分だけ歩いてみたりしても良いでしょう。筋力が上がると、今まで辛いと感じていた運動も楽になります。ほんの小さな違いかもしれませんが、それを感じ取れると継続するモチベーションにもつながります。

　さらにその運動が水泳だと嬉しい限りです。本書で紹介してきたトレーニングは、もちろん水泳にも生きるものです。泳ぎのひとつひとつの動作が楽に、そして力強く行えるようになっていきます。鍛えた部位を意識して泳いでみてください。

　例えば、腕を前に戻すリカバリー動作のときに使う肩甲骨まわりや三角筋を中心としたトレーニング［「フロントアームレイズ」（P.38）など］を行ってから泳いでみましょう。リカバリー動作の感覚が違うことに気が付くと思います。「仰向けヒップレイズ」（P.122）や「腸腰筋エクササイズ」（P.124）をすれば、キックを打つ感覚も変わります。

　もちろん、日常生活にも変化が見えてきます。それは「Column2」で述べた通りです。

　つまり、筋力トレーニングの効果は、身体がかっこ良くなるだけではなく、スポーツを快適に行い、日常生活も楽しく過ごせるようになるといった部分にも響いてくるのです。

　筋力トレーニングだけで終わらせるのはもったいないことです。鍛えた筋肉をどうやって使うかまで意識しながら、日々トレーニングに取り組んでみてください。

Part 4
トレーニングの組み立て方
Assembly of the Training

メニューの数はあっても、適切なタイミングで
適切な部位のメニューをこなさなければ意味がありません。
ここではトレーニングの選び方、組み立て方の例を紹介していきます。

日常生活のちょっとした スキマ時間に取り入れる

時間がない中でも、日常生活のちょっとしたスキマ時間があれば、
効果的なトレーニングは行えます。仕事の息抜きや、
起床後、就寝前など、空いた時間を見つけて取り組んでみましょう。

▶自分に合うシチュエーションで トレーニング計画を立ててみよう

ここまで本書で紹介してきたトレーニングは、すべて行うことでまんべんなく全身を鍛えられる内容になっています。同時に逆三角形の身体を実現できるように考えられたメニューでもあります。しかし、毎日すべてのトレーニング時間をつくるのは難しいでしょう。大切なのは、自分の身体の状態や仕事に合わせて、自分でトレーニング計画を立てることです。

計画といっても、時間があるときに何をするか考えるだけなので、何も難しいことはありません。例えば、Part2で紹介したウォーミングアップは、1メニューにつき1分もかからずに終わります。12種類すべてこなしても10分もかかりません。Part3のトレーニングも、1メニュー1分程度です。8種類ある肩まわりのトレーニングは、休憩を入れたとしても10分程度で終わるでしょう。トレーニングのカテゴリは、肩まわり、上半身前部、背中、骨盤まわり、上肢、下肢の6種類。すべてを一度に行ったとしても、1時間で全身をくまなくトレーニングできるのです。

それを念頭に置いて、シチュエーションに合ったトレーニングを考えてみましょう。

例えば、朝仕事に出かける前なら、ウォーミングアップで身体を起こしてから、身支度をしながらでもできるような、立位で行うトレーニングを選びます。夜、寝る前の時間を使うなら、うつ伏せや仰向けで行うトレーニングを選べばベッドの上でもできます。昼間、デスクワークが中心の人なら、休憩がてらイスを使ってトレーニングしても良いでしょう。

このように、どんな場面でもスキマ時間を見つけることで少しのトレーニングができます。大事なことは「継続」すること。たった1分でも10分でも、それを継続することが、逆三角形のカラダをつくる第一歩につながるのです。

【朝のトレーニング例】

**道具を使わずにこなせる
メニューを10分**

着替えの合間などに軽くこなせるメニューが良いでしょう。「肩甲骨回し」(P.18)なら、道具もなくその場で肩を回すだけです。余裕があればペットボトルを持って、「腕上げ45°」(P.20)などでも良いでしょう。

肩甲骨回し
(P.18)

**Part3の立位で行える
メニューを5分**

ウォーミングアップで物足りなければ、Part3のメニューを行いましょう。「骨盤の前傾後傾」(P.90)、「骨盤の回旋」(P.92)などは、道具を使わずにその場でできます。ペットボトルがあれば「フロントアームレイズ」(P.38)なども良いでしょう。

骨盤の
前傾後傾
(P.90)

【夜のトレーニング例】

**Part2のウォーミングアップを
5分**

夜は朝よりも時間がとりやすいはず。1日の疲労をとる意味も込めて、「ストレッチ&ウォーキング」(P.22)など、大きな動きで身体をほぐすと良いでしょう。

ストレッチ&ウォーキング
(P.22)

Part3から寝たままでできるメニューを10分

寝る直前の10分を使うイメージでトレーニングをしましょう。「プッシュアップ&レッグアップ」(P.54)、「ナロープッシュアップ」(P.102)などは、うつ伏せのままできるので、ベッドの上でトレーニングができます。

プッシュアップ&レッグアップ
(P.54)

【スキマ時間のトレーニング例】

**Part3からイスに座ってできる
メニューを10分**

デスクワークでイスに長時間座ったままのときなど、休憩がてら行うと良いでしょう。「アームカール」(P.110)やイスに座ったままできる「リストカール&アップ」(P.114)などを選ぶと、手間をかけずに鍛えられます。

アームカール
(P.110)

リストカール
&アップ
(P.114)

鍛えたい部位別に
トレーニング計画を立てる

自分で足りないと感じる部位や、特に鍛えたいと思う部位があれば、
そこをピンポイントで鍛えるのも良いでしょう。
全身にまんべんなく刺激を与えるよりも、効率良く筋力はついていきます。

▶鍛える部位を分けて
効率良くトレーニングしよう

「ドライランドトレーニング」を水泳選手が行う場合、曜日によって部位を変えて行います。水泳の練習は約2時間。それ以外でトレーニングに使える時間は、トップスイマーでも1〜2時間ほど。それ以上は、身体にかかる負荷が高すぎて、ケガをしてしまうからです。また、全身を一度にトレーニングすると時間がかかりすぎるという理由もあります。その中で効率良く「ドライランドトレーニング」を行うには、鍛える身体の部位を細かく分けることが必要なのです。

それは一般の方にも当てはまります。仕事で忙しい社会人は、1〜2時間もトレーニングに費やせる日は多くありません。短い時間の中で、鍛える部位にピンポイントで刺激を入れて、効率良く継続していきましょう。

身体を大きく2つに分けると、上半身と下半身です。Part3のトレーニングで言えば、上半身が**肩まわり**、**上半身前部**、**背中**、**上肢**。下半身が**骨盤まわり**、**下肢**です。このように分けると、上半身前部のトレーニングをすべてこなしても約30分です。さらに分けるならば、**肩まわり・骨盤まわり**でひとつ、**上半身前部と背中**でひとつ、**上肢と下肢**でひとつの3つに分けても良いでしょう。

部位の分け方は自由で構いませんが、身体に表れる効果を考えるなら、表と裏、という考え方をしましょう。身体の前面（表）にある腹筋に対して、裏側の背筋、というイメージです。さらに上半身と下半身、腕と脚、というように、鍛える部位が重ならないように分けるのがコツです。

部位別に分けて行うと、筋肉を休められるメリットもあります。上腕三頭筋を鍛えているときは、ハムストリングは休められるということです。一度に全身を鍛えるよりも負担も少ないので、トレーニングも継続しやすくなるでしょう。

【上半身のトレーニング例】

ベントオーバー
リバースフライ
（P.44）

腹筋のゆりかご
（P.64）

トライセプス
アーム
エクステンション
（P.112）

チョッピング
リフティング
（P.58）

【下半身のトレーニング例】

お尻歩き
（P.86）

片脚
クォーター
スクワット
（P.120）

クランチリバース
シットアップ
（P.88）

バーティカル
ストリームライン
スクワット＆ジャンプ
（P.130）

曜日別に
トレーニング計画を立てる

トレーニングは「継続」が何よりも大切だとお話ししました。
とはいえ、何の計画もなく続けるのは難しいもの。
ひとつの考え方が、曜日別に鍛える部位を分ける方法です。

▶曜日でトレーニングを分けて毎日の習慣にしよう

Part2のウォーミングアップからPart3で紹介してきたトレーニングのすべてを一度に行うと、1時間前後は必要になります。それを毎日の習慣にするのは難しいもの。なかなか継続に結びつけることはできません。

しかし、1日10分ならばどうでしょうか？ 朝起きてからの10分、寝る前の10分なら、大きな負担にはなりません。継続してトレーニングしやすくなるでしょう。この小さな積み重ねが習慣になり、逆三角形のきれいな身体をつくる土台となっていくのです。

本書ではトレーニングを全部で6つのカテゴリーに分けています。カテゴリーに従い、月〜土曜日までトレーニングを行い、日曜日を休みに当てると、ちょうど良いサイクルになるでしょう。

【曜日別トレーニング例】

月曜日 Monday
肩まわりを鍛える
- フロントアームレイズ (P.38)
- ベントオーバーリバースフライ (P.44)
- 肩甲骨ディップス (P.48)

火曜日 Tuesday
上半身前部を鍛える
- ストリームライン上半身上げ (P.56)
- Vアップ (P.60)
- 腰背部シットアップ (P.66)

水曜日 Wednesday

背中を鍛える

背筋のゆりかご
(P.80)

バランス
バックエクステンション
(P.82)

胸郭回し
(P.84)

木曜日 Thursday

骨盤まわりを鍛える

お尻歩き
(P.86)

骨盤の
前傾後傾
(P.90)

キャットバック
(P.94)

金曜日 Friday

上肢を鍛える

ナロープッシュアップ
(P.102)

リストカール&
アップ
(P.114)

三頭筋
エクササイズ
(P.116)

土曜日 Saturday

下肢を鍛える

仰向けヒップレイズ
(P.122)

腸腰筋エクササイズ
(P.124)

片脚ランジ
(P.126)

Part 4 トレーニングの組み立て方

【トレーニング達成度早見表】

Part3のトレーニングで、達成できたメニューをグレードごとにチェック☑してください。
トレーニングを継続することで、逆三角形のカラダを目指しましょう。

トレーニング名	頁数	初級	中級	上級
フロントアームレイズ	38	☐	☐	☐
サイドアームレイズ	40	☐	☐	☐
バックアームレイズ	42	☐	☐	☐
ベントオーバーリバースフライ	44	☐	☐	☐
肩甲骨プッシュアップ	46	☐	☐	☐
肩甲骨ディップス	48	☐	☐	☐
エントリー姿勢ショルダーレイ	50	☐	☐	☐
肩甲骨スライド②	52	☐	☐	☐
プッシュアップ&レッグアップ	54	☐	☐	☐
ストリームライン上半身上げ	56	☐	☐	☐
チョッピングリフティング	58	☐	☐	☐
Vアップ	60	☐	☐	☐
斜めVアップ	62	☐	☐	☐
腹筋のゆりかご	64	☐	☐	☐
腰背部シットアップ	66	☐	☐	☐
背中横歩き	68	☐	☐	☐
肩甲骨スライド③	70	☐	☐	☐
肩甲骨エクササイズ①	72	☐	☐	☐
肩甲骨エクササイズ②	74	☐	☐	☐
肩甲骨エクササイズ③	76	☐	☐	☐
タイミングエクササイズ	78	☐	☐	☐
背筋のゆりかご	80	☐	☐	☐
バランスバックエクステンション	82	☐	☐	☐
胸郭回し	84	☐	☐	☐
お尻歩き	86	☐	☐	☐
クランチリバースシットアップ	88	☐	☐	☐
骨盤の前傾後傾	90	☐	☐	☐
骨盤の回旋	92	☐	☐	☐
キャットバック	94	☐	☐	☐
胸郭スライド前後	96	☐	☐	☐
胸郭スライド左右	98	☐	☐	☐
体幹ウェービング	100	☐	☐	☐
ナロープッシュアップ	102	☐	☐	☐
ディップス	104	☐	☐	☐
フロントブリッジ	106	☐	☐	☐
バックブリッジ	108	☐	☐	☐
アームカール	110	☐	☐	☐
トライセプスアームエクステンション	112	☐	☐	☐
リストカール&アップ	114	☐	☐	☐
三頭筋エクササイズ	116	☐	☐	☐
ビハインドレッグレイズ	118	☐	☐	☐
片脚クォータースクワット	120	☐	☐	☐
仰向けヒップレイズ	122	☐	☐	☐
腸腰筋エクササイズ	124	☐	☐	☐
片脚ランジ	126	☐	☐	☐
バーピー	128	☐	☐	☐
バーティカルストリームラインスクワット&ジャンプ	130	☐	☐	☐
スクワット	132	☐	☐	☐

[開始日　　年　　　月　　　日 ─ 達成日　　年　　　月　　　日]

● 著者

髙橋雄介（たかはし ゆうすけ）

中央大学理工学部教授
日本オリンピック委員会強化スタッフ

1962年生まれ。現役時代はバタフライの選手として活躍し、5年間のアメリカ留学を経て中央大学水泳部のヘッドコーチに就任。その後、同監督となり、2004年に日本学生選手権で前人未踏の11連覇を成し遂げる。数多くのオリンピック選手、メダリストを育て上げ、2016年リオデジャネイロ五輪代表の塩浦慎理選手（中央大学卒業・イトマン東進所属）などを指導。また、トップスイマーだけでなく、一般水泳愛好者に向けたプライベートレッスンも行い、水泳の楽しさの普及にも精力的に取り組んでいる。

● モデル

大本鷹志（おおもと たかし）

1994年生まれ。京都府出身。京都外大西高校卒業。2016年度中央大学水泳部のキャプテン。ベビースイミングから水泳を始める。高校時代から全国大会で活躍を続ける。183cmの長身と長い手足を生かした泳ぎが特徴。日本屈指の自由形短距離の選手。自己ベストは100m自由形で49秒95。

田上勇気（たのうえ ゆうき）

1994年生まれ。熊本県出身。九州学院高校卒業。170cmと小柄ながら、鍛え上げられた身体を使ったダイナミックなバタフライが特徴。高校時代からインターハイ入賞を始め、全国JOCジュニアオリンピックカップや日本選手権などの全国大会で活躍。100mバタフライの自己ベストは54秒50。

[カバーデザイン]	藤井耕志(Re:D Co.)
[本文デザイン・DTP]	高 八重子
[編集・制作]	ナイスク　http://naisg.com
	松尾里央　高作真紀　中村 僚
[取材・構成]	田坂友暁
[撮影]	松田杏子
[イラスト]	風間康志(HOPBOX)
[モデル]	大本鷹志　田上勇気
[制作協力]	中央大学水泳部　ミズノ株式会社　有限会社ワイジェイティー

水泳のきれいなカラダをつくる

スリムな逆三角形になる! ドライランドトレーニング

2016年7月25日　初版　第1刷発行

[著者]	髙橋雄介
[発行者]	片岡 巌
[発行所]	株式会社技術評論社
	東京都新宿区市谷左内町21-13
	電話　03-3513-6150：販売促進部
	03-3267-2272：書籍編集部
[印刷／製本]	図書印刷株式会社

定価はカバーに表示してあります。

本書の一部または全部を著作権法の定める範囲を超え、無断で複写、複製、転載あるいはファイルに落とすことを禁じます。

© 2016 YJT Co., Ltd.　NAISG Co., Ltd.

造本には細心の注意を払っておりますが、万一、乱丁(ページの乱れ)や落丁(ページの抜け)がございましたら、小社販売促進部までお送りください。送料小社負担にてお取り替えいたします。

ISBN978-4-7741-8255-1 C2075
Printed in Japan